beck'sche
reihe

b sr

«Die Kunst ist lang, doch kurz ist unser Leben.» So schreibt der römische Autor Seneca in seinem berühmten Werk *Über die Kürze des Lebens* (1,1). Schon in der Antike war man sich also des Phänomens der knappen Zeit bewußt. In gewisser Weise trägt auch der vorliegende Band diesem überzeitlichen Problem Rechnung: Man kann sich zwar eine ferne Epoche wie die Antike durch die Lektüre umfassender Gesamtdarstellungen oder mit Hilfe von breitangelegten Biographien bedeutender Persönlichkeiten erschließen. Aber es ist ebenso legitim, sich als Einstieg von einem Fachmann kurze, klare und kenntnisreiche Antworten auf konkrete Fragen geben zu lassen, die zentrale Aspekte der griechischen und römischen Geschichte, Gesellschaft, Politik, Kultur und Religion fokussieren. Dabei ist es die darstellerische Kunst des Autors, daß jede einzelne seiner Antworten neugierig auf die nächste Frage macht. So kann man in diesem Büchlein hin und her blättern, sich systematisch für zusammenhängende Fragenkomplexe interessieren oder es von vorne bis hinten durchlesen – in jedem Falle wird man interessante, anregende und verständlich dargebotene Informationen erhalten.

Stefan Rebenich lehrt als Professor für Alte Geschichte an der Universität Bern. Die Geschichte der griechisch-römischen Antike, insbesondere die Geschichte Spartas, das Christentum im Römischen Reich, die Spätantike sowie die Rezeptionsgeschichte der Antike und die Wissenschaftsgeschichte des 19. und 20. Jahrhunderts bilden Schwerpunkte seiner Forschung.

Stefan Rebenich

Die 101 wichtigsten Fragen
Antike

Verlag C. H. Beck

Mit 12 Abbildungen im Text und zwei Karten

Originalausgabe

© Verlag C.H. Beck oHG, München 2006
Satz: Fotosatz Reinhard Amann, Aichstetten
Druck und Bindung: Druckerei C.H. Beck, Nördlingen
Umschlagabbildung: Ausschnitt aus «Die Alexanderschlacht»,
Alexander der Große, römisches Mosaik aus der Casa del Fauno
in Pompeji, Neapel, Museo Nazionale Archeologico.
Photo: akg-images/Erich Lessing
Umschlaggestaltung: +malsy, Willich
Printed in Germany
ISBN-10: 3 406 54105 4
ISBN-13: 978 3 406 54105 6

www.beck.de

Inhalt

Religion und Kultus

Wirtschaft, Technik und Militär

Kunst und Literatur

Bildung und Wissen

Gebrauchsanweisung

Wenn ich mit diesem Büchlein antrete, meinen Leserinnen und Lesern die 101 wichtigsten Fragen zur Antike zu präsentieren – und die Antworten gleich noch mitliefere –, so geschieht dies mit einem Augenzwinkern. Auf 160 Druckseiten kann selbstverständlich keine umfassende Einführung in die Geschichte des Altertums gegeben werden. Doch die thematisch gegliederte Auswahl, die selbstverständlich persönliche Vorlieben und Kompetenzen spiegelt, soll eine Annäherung an zentrale Aspekte der Antike ermöglichen. Vor allem aber hoffe ich, Neugierde und Interesse für diese faszinierende Epoche wecken zu können, in der die Ursprünge unserer Kultur liegen. Die Kunst des Altertums ist nur gestreift worden, weil ein eigener Band über 101 Fragen zur Kunst der Griechen und Römer in dieser Reihe erscheinen wird.

Um ein möglichst großes Publikum zu erreichen, wurde weitgehend auf die Fachsprache verzichtet. Zentrale Begriffe der Altertumswissenschaften sind in einigen Antworten kurz erläutert. Bei Herrschern werden die Regierungsdaten, bei allen übrigen Personen die Lebensdaten angegeben.

Viele Freunde und Kollegen haben die Entstehung des Textes kritisch begleitet. Ganz besonders danke ich Rosmarie Günther, Wolfram Kinzig, Mischa Meier, Martin Ritter und Uwe Walter, die trotz zahlreicher eigener Verpflichtungen das Manuskript ganz gelesen und mich vor manchem Fehler bewahrt haben. Bei der Korrektur des Manuskriptes haben mich Astrid Habenstein und Katharina Sundermann unterstützt. Die Idee zu diesem Projekt stammt von Stefan von der Lahr; er hat die Drucklegung wie immer vorbildlich betreut. Doch mein größter Dank gilt den Schülerinnen und Schülern am Karl-Friedrich-Gymnasium in Mannheim, die ich während meiner Tätigkeit an dieser Schule fragen konnte, was sie denn gern über die Antike wüßten. Viele der Fragen gehen auf ihre Anregungen zurück. Ihnen sei daher das Bändchen zugeeignet!

Bern, im Herbst 2005   Stefan Rebenich

Zur Einleitung

1. Was ist die Antike? Eine allgemeingültige Definition des Begriffes «Antike» gibt es nicht. Schon die zeitliche Erstreckung und die räumliche Umschreibung sind strittig. Der Begriff «Antike» leitet sich von dem lateinischen Wort *antiquus* ab, das «alt» bedeutet. Es bezieht sich folglich auf die «Alte Geschichte» einer Kultur, und in der Tat können wir von der Antike verschiedener Kulturen, etwa in Vorderasien, in China, in Indien, in Afrika und in Lateinamerika, sprechen. Üblich ist es, die Epoche des griechisch-römischen Altertums im Mittelmeerraum als Antike zu bezeichnen. Dies hat wissenschaftshistorische Gründe: Seit der Wiederentdeckung des Altertums im Humanismus sind es der griechische und der römische Kulturkreis, die vor allem in Europa (und später auch Nordamerika) Politiker, Künstler und Intellektuelle im besonderen Maße angezogen haben. Dichtung und Philosophie der Griechen galten als vorbildlich, und an den Griechen wollte nicht nur Goethe (1749–1832) wahres Menschsein lernen. Von den Römern hingegen hoffte man die Geheimnisse politischer Stabilität und dauerhafter Macht zu erfahren, am *Imperium Romanum* studierte man beispielhaft Aufstieg, Vollendung und Fall eines Großreiches. Im ausgehenden 18. und 19. Jh., im Zeitalter des Neuhumanismus, galten die griechische und römische Zivilisation als ‹klassische› Norm von überzeitlicher Größe, an der alle anderen Kulturen gemessen wurden und deren Vorbildlichkeit für die eigene Gegenwart betont wurde.

Wann beginnt die Antike? Hier werden meist zwei Epochen genannt: entweder die Ägäische Bronzezeit von ca. 2500 bis 1050 v. Chr., die durch die monarchisch regierten, hochentwickelten Palastkulturen auf Kreta (minoische Kultur), dem griechischen Festland (mykenische Kultur) und in Kleinasien (Troja) charakterisiert ist, oder die «Dark Ages» bzw. «Dunklen Jahrhunderte» von ca. 1050 bis 800 v. Chr.; der Name rührt daher, daß unsere Erkenntnismöglichkeiten aufgrund des Verlustes der Schriftlichkeit und der schlechten Überlieferungslage sehr begrenzt sind.

Wann endet die Antike? Einigkeit besteht darin, daß auch das Ende der Antike nicht exakt zu datieren ist; es gab eine Übergangszeit (4.–8. Jh. n. Chr.), die Spätantike, die nicht eindeutig vom

Frühmittelalter zu scheiden ist. Markante Einschnitte sind die Absetzung des letzten weströmischen Kaisers Romulus Augustulus (476 n. Chr.) und die Erneuerung des Römischen Reiches unter Justinian (527–565 n. Chr.).

Epochen der griechischen und römischen Geschichte	
Griechische Geschichte	
Ägäische Bronzezeit	ca. 2500–1050 v. Chr.
«Dark Ages»	ca. 1050–800 v. Chr.
Archaische Zeit	ca. 800–508/7 v. Chr.
Klassische Zeit	508/7–338 v. Chr.
Hellenismus	338–30 v. Chr.
Römische Geschichte	
Königszeit	8.–6. Jh v. Chr.
Frühe Republik	ca. 500–367 v. Chr.
Mittlere Republik	367–133 v. Chr.
Späte Republik («Revolutionszeit»)	133–30 oder 27 v. Chr.
Kaiserzeit (Prinzipat)	30 oder 27 v. Chr.–284 n. Chr.
Spätantike	284–476 n. Chr. oder 565 n. Chr.

Die Wissenschaften vom Altertum betonen heute bei der Beschäftigung mit den Griechen und Römern eher das Fremde und Trennende («Alterität»), heben die Notwendigkeit hervor, auch den Nahen und Mittleren Orient sowie die Randgebiete des Alexanderreiches und des Römischen Reiches in die Betrachtung einzubeziehen, und warnen aus gutem Grund vor wohlfeilen Aktualisierungen. Zur Vergewisserung unseres Umganges mit dem antiken Erbe ist daher nicht nur das genaue Studium der Hinterlassenschaft selbst, sondern auch der Wirkungsgeschichte der Antike in Mittelalter und Neuzeit wichtig. Denn die Kultur Europas hat sich seit der Karolingischen Renaissance (800 n. Chr.) immer wieder im Rückgriff auf das griechische und römische Altertum entwickelt. Angesichts der herausragenden Bedeutung der griechisch-römischen Antike in der europäischen Tradition wird diesem Zeitraum in dem vorliegenden Bändchen besondere Bedeutung zugemessen.

2. Welche Wissenschaften erforschen die griechisch-römische Antike? Unterschiedliche Disziplinen beschäftigen sich mit der Antike. Die ‹Mutter› der Altertumswissenschaften ist die Klassische Philologie, von der sich im 19. Jh. die Alte Geschichte und die Klassische Archäologie abgespalten haben. Hinzu treten die sogenannten Hilfswissenschaften, die ebenfalls im 19. Jh. entstanden sind und spezielle Materialgruppen erforschen: die Epigraphik, deren Augenmerk den Inschriften gilt, die Numismatik, die nicht nur Münzen untersucht, sondern auch die Geschichte des Geldes schreibt, und die Papyrologie, die sich um Schriftzeugnisse kümmert, die auf Papyrus geschrieben wurden und meist nur noch im trockenen Wüstensand Ägyptens erhalten sind.

Die Geschichte des frühen Christentums im Römischen Staat ist ein gemeinsames Anliegen von ‹klassischen› Altertumswissenschaftlern und Kirchenhistorikern. Den Übergang von der Antike zum Mittelalter analysieren zudem die Mittelalterhistoriker (Mediävisten) und die Byzantinisten.

Für die schriftlosen Epochen Griechenlands und Roms ist auch die Vor- und Frühgeschichte zuständig, die provinzialrömische Archäologie vergrößert unser Wissen um das römische Germanien, aber auch um andere Provinzen des Römischen Reiches, und die Christliche Archäologie widmet sich den monumentalen Zeugnissen des frühen Christentums und der Spätantike.

Wichtige Aufschlüsse geben darüber hinaus die Wissenschaften, die sich mit den Kulturen im Umkreis der klassischen Antike befassen, insbesondere die Vorderasiatische Archäologie und die Ägyptologie. Diese Fächer korrigieren auch die eurozentrische Wahrnehmung des Altertums.

Zur Vertiefung allgemeiner Fragestellungen und zur Methodendiskussion ist der systematische Kontakt der Altertumswissenschaften mit anderen Kulturwissenschaften unabdingbar. Insbesondere die Sozialwissenschaften, aber auch die Religionswissenschaft, Anthropologie und Ethnologie können für theoretische Aspekte der Forschung sensibilisieren. Schließlich führen der Blick über die Mauern des eigenen Faches und der Vergleich der griechisch-römischen Antike mit anderen Epochen und – europäischen wie außereuropäischen – Kulturen zu neuen Erkenntnissen.

Einen Aufschwung erfährt seit einiger Zeit die Erforschung des Nachlebens der Antike. Die Rezeptionsgeschichte untersucht die vielfältigen Formen und Methoden der Aneignung des antiken Erbes in der bildenden Kunst, in der Musik und in der Architektur, in der Verfassungstheorie und im Recht, in der Literatur und in der Philosophie, im Film und im Comic. Dabei ist der Austausch mit Neu- und Rechtshistorikern, Literatur- und Sprachwissenschaftlern sowie Kunsthistorikern notwendig. Die Vielzahl der Themenfelder, auf dem die Auseinandersetzung mit der Antike stattfand und nach wie vor stattfindet, zeigt eindrücklich die Lebendigkeit und Aktualität der antiken Hinterlassenschaft.

Politische Institutionen

3. Was ist eine Polis? «Dies hat die Polis beschlossen» – so heißt es in einem Gesetzestext aus der Mitte des 7. Jh.s v. Chr. Seit dem frühen 8. Jh. v. Chr. entwickelte sich die Polis (Mehrzahl: Poleis) zur charakteristischen Form der politischen Organisation des griechischen Mutterlandes und der von den Griechen besiedelten Gebiete des Mittelmeerraumes. Sie trat an die Stelle kleiner Gemeinden mit nur ansatzweise ausgebildeten Organisationsstrukturen, die für die «Dark Ages» genannte Zeit von 1050 bis 800 v. Chr. typisch waren.

Ursprünglich bezeichnete das Wort *pólis* eine städtische Siedlung. Jede Polis übte die Kontrolle über ihr Umland aus, das durch Gebirge, Flüsse, das Meer oder durch das Territorium einer anderen Polis begrenzt wurde. Doch die Polis war zugleich ein Personenverband, der durch seine erwachsenen männlichen Bürger verwaltet und regiert wurde und der alle Entscheidungen in der Innen- und Außenpolitik auf der Grundlage von Recht und Gesetz traf. Zur Gemeinschaft der Bürger, der Politen, zählte nur, wer für die Polis in den Krieg zog und dessen Eltern bereits Bürger waren; häufig mußte er auch über ein bestimmtes Mindestvermögen verfügen. Die Bürgerschaft war wiederum in Untergruppen wie die Phylen («Stämme») oder Phratrien («Bruderschaften») eingeteilt, deren Mitglieder behaupteten, seit alters miteinander verwandt und gleich zu sein.

Die Bürger gaben der Polis, ihrem «Stadtstaat», Gesetze, entwickelten eigene Institutionen (wie Volksversammlung, Rat und Ämter), organisierten das Heerwesen und achteten auf die politische Unabhängigkeit (Autonomie) des Gemeinwesens. Wirtschaftliche Selbständigkeit (Autarkie) wurde zwar gefordert, existierte aber beileibe nicht in allen Poleis. Von der politischen Teilhabe (Partizipation) ausgeschlossen waren Frauen, Unfreie und Fremde.

Herausragende Bedeutung für den inneren Zusammenhalt der Polis hatten Religion und Kultur. Die Bewohner einer Polis verehrten dieselben Götter und Heroen, sprachen denselben Dialekt, feierten gemeinsam große Feste, trafen sich regelmäßig im Zentrum des städtischen Lebens, der Agorá (dem «Marktplatz»), und gaben die Erinnerungen an die Geschichte ihrer Polis von Generation zu Generation weiter.

Das geographisch zerklüftete Griechenland war übersät von einer Vielzahl kleinräumiger Gemeinwesen. Um 500 v. Chr. gab es etwa 700 Poleis. Ihr Gebiet war in der Regel sehr überschaubar. Es umfaßte zwischen 50 und 100 km². Sparta (ca. 8400 km²) und Athen (ca. 2600 km²), aber auch Korinth (ca. 880 km²) sind Ausnahmen. Entsprechend gering war die durchschnittliche Bevölkerungszahl einer Polis; sie belief sich nach Schätzungen auf etwa 400 bis 900 Bürger; Athen hingegen hatte Mitte des 5. Jh.s um die 40 000, Sparta 8000 bis 10 000 Bürger.

Neben der Polis gab es andere Formen politischer Organisation. In Gebieten, die dünner besiedelt waren und in denen sich kaum städtische Strukturen ausgebildet hatten, wie etwa im nordwestlichen Griechenland, integrierte der «Stammesverband» (Éthnos) einzelne dörfliche Siedlungen. Die für diese Form des Zusammenlebens konstitutive Idee der gemeinsamen Abstammung war indes, wie die neuere Forschung gezeigt hat, eine späte Konstruktion, die eine fiktive Verwandtschaft in die mythische Vorzeit zurückdatierte, um in der eigenen Zeit politische Ansprüche durchzusetzen. Aus einem Ethnos konnte später auch ein föderativer «Bundesstaat» (Koinón) entstehen, in dem die einzelnen Gemeinden innenpolitisch unabhängig waren, aber ihre Außenpolitik der Kontrolle der Bundesorgane unterstellten. Ein solches Koinon gab es seit dem ausgehenden 6. Jh. v. Chr. in Böotien.

4. Waren die griechischen Tyrannen Gewaltherrscher? «Zu Dionys dem Tyrannen schlich/Damon, den Dolch im Gewande», heißt es in Schillers «Bürgschaft». Opfer des Anschlages ist Dionysios II., der seit 367 v. Chr. ein Jahrzehnt lang über die sizilische Stadt Syrakus herrschte. Das Bild des Gewaltherrschers, den zu ermorden jeder Bürger das moralische Recht und die politische Pflicht hat, kennt die Neuzeit ebenso wie die Antike. Doch im Altertum war die Vorstellung des grundsätzlich schlechten Tyrannen erst Ergebnis der Demokratisierung Athens seit dem ausgehenden 6. Jh. v. Chr. und der politischen Philosophie des 4. Jh.s v. Chr. Aus dieser Perspektive war die Tyrannis die Entartung einer guten Alleinherrschaft. Historisch gesehen, hat sie in vielen – zumal größeren – Gemeinden die Entstehung der Polis befördert; allerdings hatten wichtige Poleis wie Sparta nie einen Tyrannen.

Bei der Ausbildung stadtstaatlicher Strukturen spielten die Aristokraten eine zentrale Rolle. Sie begründeten ihre hervorgehobene Stellung nicht durch Abstammung und Herkunft, sondern durch Leistungen in der Führung der Polis, im sportlichen Wettkampf und auf dem Schlachtfeld. Ihr Wahlspruch hieß: «Immer der erste sein und die anderen überragen» (Homer, Ilias 6,208). Die Adligen unterschieden sich von den anderen Bewohnern des Stadtstaates durch einen aufwendigen Lebensstil. Darüber hinaus pflegten sie ‹internationale Kontakte› und verkehrten mit den Aristokraten anderer griechischer Poleis. Ihr politisches Handeln war nicht auf eine Polis beschränkt. Doch gleichzeitig förderten sie die Entstehung stadtstaatlicher Einrichtungen wie Volksversammlung, Rat und Ämter, die einerseits ihren Einfluß sichern sollten, andererseits aber die Bewältigung zahlreicher Probleme in einer immer komplizierter werdenden Umwelt erleichterten und die politische Teilhabe größerer Bevölkerungsteile ermöglichten. Die neu geschaffenen Institutionen schufen unter den Angehörigen der Polis ein Gemeinschaftsgefühl, das durch eine neue Art der Kriegführung, die gemeinsame Formation von schwerbewaffneten Kämpfern (die Hoplitenphalanx), verstärkt und durch gemeinsame kultische und zivile Handlungen gefestigt wurde.

Die Tyrannis spiegelt die Konflikte der Aristokraten untereinander und die Schwierigkeit, sie in die Polisordnung einzubinden. Die Tyrannis war die extreme Steigerung aristokratischer Machtentfaltung. Ziel einzelner Aristokraten war es, aus der bestehenden Ordnung auszubrechen und eine Alleinherrschaft zu etablieren, deren Gestalt die Griechen bei den Königen und Herren im Osten kennengelernt hatten. Das griechische Wort, das diese Alleinherrschaft umschreibt – *týrannos* – ist wahrscheinlich lydischen Ursprungs.

Die Tyrannis ist mit keiner bestimmten Verfassung verbunden. Der athenische Tyrann Peisistratos, der von 546 bis zu seinem Tod 527 v. Chr. Athen beherrschte, ließ die von Solon 594/93 v. Chr. errichtete Ordnung bestehen. Die Tyrannis eines Adligen im 7. und 6. Jh. v. Chr. ist nicht automatisch gleichzusetzen mit einer Terrorherrschaft. Peisistratos ergriff die Macht zwar mit brutaler Gewalt, beachtete später jedoch die Gesetze, arrangierte sich mit anderen aristokratischen Familien, half armen athenischen Bauern, verstärkte den Zusammenhalt der Polisbewohner durch religiöse Kulte und Feiern und ließ Athen mit prächtigen Bauten ausschmücken.

War die ‹ältere› Tyrannis folglich eine bestimmte Form der Adelsherrschaft, so war die ‹jüngere› Tyrannis des 5. und 4. Jh.s v. Chr. (zu der Dionysios II. von Syrakus zählt) eine Militärdiktatur, die vor allem durch Söldnertruppen aufrechterhalten wurde.

5. Wie funktionierte die athenische Demokratie? Die athenische Demokratie ist Ergebnis eines Prozesses, der mit den Reformen des Kleisthenes 508/07 v. Chr. einsetzte und sich bis in die Mitte des 5. Jh.s v. Chr. erstreckte. Die entstehende demokratische Ordnung, von den Athenern zunächst Isonomie («Ordnung auf dem Prinzip der Gleichheit») genannt, überwand die Adelsrivalitäten und ließ die gesamte Bürgerschaft an der Polis teilhaben. Im 5. Jh. v. Chr. wurde die athenische Bürgerschaft an einer Vielzahl schwieriger und folgenreicher Entscheidungen beteiligt.

Der Souverän war die Gesamtheit der politisch berechtigten Bürger, die in der Ekklesie (Volksversammlung) zusammenkamen. Die Kompetenz der Ekklesie erstreckte sich auf alle Bereiche des öffentlichen Lebens: die Wahlen, die Gesetzgebung, die Entscheidung über Krieg und Frieden, die Steuern, die Kontrolle der Beamten, die Verleihung des Bürgerrechts, die Organisation der öffentlichen Kulte sowie soziale Maßnahmen für die Bevölkerung. Zutritt zu den 40 vorgeschriebenen und den zahlreichen außerordentlichen Sitzungen hatte jeder freie und volljährige athenische Mann, der in die Bürgerliste seines Heimatortes (*démos*) eingetragen war, dessen Vater und Mutter Athener waren und der seine zweijährige Wehrpflicht (Ephebie) geleistet hatte. Ausgeschlossen von politischer Teilhabe war indes die Mehrheit der Bevölkerung Athens: die Frauen, die Ausländer und die Sklaven.

Zwei Grundsätze prägten die Willensbildung in der Ekklesie:

Jeder athenische Bürger hatte das Recht, Anträge zu stellen, und jeder Antrag mußte im Rat der 500 (*boulé*), der die gesamte Bürgerschaft Attikas gleichmäßig repräsentierte, vorberaten werden. Ein Antrag gelangte also nur als Vorschlag des Rates (*probouleuma*) vor die versammelte Bürgerschaft, die jedoch das Recht besaß, den Vorschlag abzuändern oder mit Streichungen oder Zusätzen zu verabschieden. Das Initiativrecht blieb bei der Bürgerschaft. Es gab kein eigenes Präsidium, keine institutionalisierte Amtsautorität. Im 5. Jh. v. Chr. hatte der täglich wechselnde Vorsitzende des Rates auch den Vorsitz in der Ekklesie. Der Rat war das organisatorische, nicht aber das politische Zentrum: Er koordinierte die demokratische Willensbildung, strukturierte die Diskussion aller Fragen von öffentlichem Interesse und sorgte durch seine repräsentative Besetzung für die Kommunikation der politischen Agenda.

Die athenischen Bürger waren zugleich in den Geschworenengerichten, den Dikasterien, vertreten, in denen über private und öffentliche Klagen verhandelt wurde. Zu Jahresbeginn erloste man 6000 Geschworene, aus denen dann für jeden Prozeß wiederum eine bestimmte Zahl (von 201 bis 1501) Geschworener durch Los ausgewählt wurde. Die Qualifikation für die Geschworenentätigkeit war an den Bürgerstatus, nicht an juristische Kenntnisse gebunden.

Jeder freie Athener konnte sich, unabhängig von seinem Einkommen und seiner Bildung, an der Verwaltung der Polis beteiligen, indem er begrenzte und überschaubare Aufgaben übernahm. Seine Amtsführung war auf maximal ein Jahr begrenzt, ihm wurde eine Aufwandsentschädigung bezahlt, eine zweite Kandidatur auf dasselbe Amt war ausgeschlossen, und die Bestellung wurde – wie bei den Ratsherren und den Geschworenen – durch das Los vollzogen. Nur für einige wenige Positionen hielt man aus sachlichen Gründen an der Wahl fest, so etwa für die militärischen Kommandostellen, die zehn Strategen. Eignung, Amtsführung und Unbestechlichkeit wurden in aufwendigen Verfahren kontrolliert.

Die Intensität der politischen Praxis variierte zwar, doch war die direkte Demokratie in Athen durch einen sehr hohen Grad der Politisierung gekennzeichnet. In der Regel besuchten 5000 bis 6000 Bürger die Volksversammlungen. 6000 Bürger, die älter als 30 Jahre waren, fungierten als Geschworene. Pro Jahr waren aus den über 30jährigen allein 1000 Kandidaten für den Rat erforderlich (500 Ratsherren und 500 Ersatzmänner); eine zweimalige Mitgliedschaft war relativ selten. Die demographische Struktur Athens spricht dafür, daß zwei Drittel aller Bürger mindestens einmal Mitglied des Rates gewesen sind. Die politische Gleichheit aller Bürger sollte sowohl durch die Losung der meisten Funktionsträger als auch durch die schrittweise Einführung von Aufwandsentschädigungen, den Diäten, für die Teilnahme am Rat, den Gerichten und der Volksversammlung garantiert werden.

6. War Sparta ein Kriegerstaat? Sparta galt und gilt vielen als ein idealtypischer Militärstaat, in dem sich der einzelne bedingungslos dem Dienst der Gemeinschaft unterwerfen mußte. Diese traditionelle Wahrnehmung der Polis Sparta ist in den letzten Jahrzehnten durch die Forschung korrigiert worden.

Das Sparta der archaischen Zeit (8. bis 6. Jh. v. Chr.) ist im gesamtgriechischen Kontext in vielerlei Hinsicht eine «normale» Polis. Die zentralen Institutionen griechischer Gemeinwesen finden sich auch in diesem Stadtstaat: Volksversammlung, Rat und (wenige) Beamte. Im 7. und 6. Jh. v. Chr. standen Kunst und Kultur in dem vermeintlichen Militärlager in voller Blüte. Ein reichverziertes, gewaltiges Bronzegefäß aus spartanischer Produktion wurde sogar in dem Grab einer keltischen Prinzessin in Burgund gefunden (der sog. Krater von Vix).

Der spartanische Sonderweg, der zur Militarisierung der Gesellschaft, zu verfassungspolitischen Veränderungen, zur öffentlichen Kontrolle der Erziehung und zum Rückgang der Kunstproduktion führte, war nicht das Ergebnis der gesetzgeberischen Tätigkeit des sagenhaften ‹Staatsgründers› Lykurg, sondern nahm seinen Ausgang in politischen und gesellschaftlichen Entwicklungen der spätarchaischen Zeit. So verhinderte die spezifisch spartanische Form der Unfreiheit, die Helotie, die Erweiterung der Bürgerschaft durch die Integration größerer ansässiger Bevölkerungsteile; der Ausschluß dieser und weiterer Gruppen von der politischen Teilhabe belastete die Polis erheblich und verschärfte seit dem 5. Jh. v. Chr. die sogenannte Oliganthropie, den notorischen Mangel an wehrfähigen Bürgern. 480 v. Chr. gab es noch 8000 spartanische Bürger, 371 v. Chr. waren es nur noch 1500.

Sparta scheiterte letztlich daran, daß sein nach dem Sieg über Athen im Peloponnesischen Krieg (431–404 v. Chr.) erhobener Anspruch, Führungsmacht in Griechenland zu sein, nicht mehr erfolgreich von einer stetig abnehmenden Zahl von Bürgern durchgesetzt werden konnte. Seit dem ausgehenden 4. Jh. v. Chr. gefährdete die demographische Entwicklung schließlich die Existenz der Polisgemeinschaft, deren Zusammenhalt durch krasse Besitzunterschiede ohnehin auf eine harte Probe gestellt wurde. Als endlich unterprivilegierten Gruppen der Zugang zum Bürgerrecht eröffnet wurde, war es zu spät. Die ruhmreiche Stadt vermochte unter den hellenistischen Großreichen keine Rolle mehr zu spielen und lebte nur noch von den Erinnerungen an ihre einstige Größe.

7. Was versteht man unter dem Begriff «Hellenismus»? In der Antike bezeichnete *hellenismós* die Fähigkeit, die griechische Sprache korrekt zu gebrauchen; in diesem Sinne werden die griechisch sprechenden Juden in der Apostelgeschichte (6,1) *Hellenisten* genannt. Darüber hinaus wurde das Wort auch auf die Übernahme der griechischen Kultur und Religion durch Nichtgriechen bezogen. Als Epochenbezeichnung ist Hellenismus indes eine Erfindung der Neuzeit: Der von dem Historiker Johann Gustav Droysen (1808–1884) geprägte Begriff wird heute in der Regel auf den Zeitraum von Alexanders Herrschaftsantritt (336 v. Chr.) oder Tod (323 v. Chr.) bis zum Sieg des Augustus über Kleopatra bei Actium (31 v. Chr.) oder bis zur Eingliederung Ägyptens in das Römische Reich (30 v. Chr.) bezogen. Droysen sah diese Epoche durch die Verschmelzung der griechischen Zivilisation mit der orientalischen Kultur gekennzeichnet, die letztlich die Entstehung des Christentums ermöglicht habe.

Die hellenistischen Königreiche, die Alexanders Nachfolger, die Diadochen, nach langen blutigen Auseinandersetzungen in den von Alexander eroberten Gebieten im östlichen Mittelmeerraum errichteten, hätten das Ende der alten griechischen Polis bedeutet, so lautete die Meinung der früheren Forschung. Die Geschichte dieser Zeit erschließe sich durch die Monarchien, nicht über die Stadtstaaten.

Richtig ist, daß die internationale Politik dieser Epoche durch die Bündnisse und Kriege der Könige bestimmt wurde. Das Zeitalter der außenpolitisch unabhängig agierenden Poleis, die den Verlauf der griechischen Geschichte im 4. Jh. v. Chr. noch geprägt hatten, war unwiederbringlich vorbei. Für die wirksame Kontrolle riesiger Territorien, die sehr unterschiedliche Bevölkerungsteile mit verschiedenen religiösen und kulturellen Traditionen vereinigten, war die Organisationsform der Polis, die ein überschaubares Umland voraussetzte, nicht geeignet. Die hellenistischen Monarchien bauten die in den jeweiligen Gebieten bereits bestehenden administrativen und politischen Strukturen aus und schufen eine höchst effiziente Verwaltung. An der Spitze der Großreiche stand ein Alleinherrscher, der sich nicht nur durch seine königliche Herkunft, sondern auch als siegreicher Feldherr und Wohltäter legitimierte.

Doch die Welt der griechischen Städte wurde keineswegs ausgelöscht. Im Gegenteil: Das Modell der Polis wurde zu einem Exportschlager, der die politische Beherrschung der Großreiche erleichterte und die Verbreitung der griechischen Kultur im Osten ermöglichte. So entstanden viele neue Städte, aber auch die alten Poleis profitierten in kultureller und materieller Hinsicht von der Herrschaft der hellenistischen Könige. Durch die gemeinsame griechische Sprache (Koiné), durch den Siegeszug der griechischen Literatur, Kunst, Wissenschaft und Philosophie, durch politische Kontakte, durch Handel und Wirtschaft wuchs die hellenistische Welt zusammen.

8. Was wissen wir über die Römische Republik? Die Römer bezeichneten ihr Gemeinwesen als «*res publica*», als öffentliche, gemeinsame Angelegenheit, die alle angeht – im Gegensatz zur «*res privata*», der Angelegenheit des einzelnen. Doch die römische *res publica* war keine Republik, in der alle Bürger die gleichen politischen Rechte besaßen.

Nach der Vertreibung des letzten etruskischen Königs aus Rom um das Jahr 500 v. Chr. übernahmen adlige Römer die Herrschaft. Sie wurden Patrizier (*patricii*, von *pater*: Vater) genannt und waren die Nachkommen der bedeutenden römischen Familien der Königszeit. Ihnen gehörten große Güter, sie hatten viele Klienten, saßen im Senat und bekleideten die jährlich wechselnden Ämter. Alle anderen Römer werden in den Quellen als Plebs oder Plebejer (*plebeii*) bezeichnet. Das Wort *plebs* bedeutet «die Menge».

Die Amtsträger (Magistrate) wurden in den Volksversammlungen gewählt, an denen alle erwachsenen männlichen Bürger teilnahmen. Frauen, Sklaven und Ausländer waren ausgeschlossen. Die magistratische Gewalt war jedoch Beschränkungen unterworfen, die Willkür der Amtsträger verhindern und den Kooperationswillen stärken sollten. So wurden fast alle Ämter nur für ein Jahr besetzt (Prinzip der Annuität), fast jeder Magistrat hatte einen oder mehrere Kollegen (Prinzip der Kollegialität), und es war verboten, mehrere Ämter gleichzeitig innezuhaben (Verbot der Kumulation) oder mehrere Ämter unmittelbar hintereinander zu bekleiden (Verbot der Kontinuation).

Im Senat, dem Zentrum der Politik, versammelten sich die ehemaligen Magistrate, die auf die Wahrung der Autorität ihrer Institution (*auctoritas senatus*) achteten. Die «Ratschläge» (*senatus consulta*), die die Senatoren erteilten, sollten für alle Amtsträger der römischen Republik bindend sein. Der Senat war für die Außen- und Finanzpolitik zuständig. Gesetzesanträge wurden, bevor man sie einer Volksversammlung zur Annahme vorlegte, im Senat vorberaten. Als Träger staatlichen Handelns erscheint in offiziellen Dokumenten «Senat und Volk von Rom» (*senatus populusque Romanus: SPQR*).

Die politisch zunächst weitgehend einflußlosen Plebejer, zu denen sowohl arme Bauern als auch wohlhabende Händler und gutverdienende Handwerker zählten, entwickelten bald ein Zusammengehörigkeitsgefühl und wurden selbstbewußt, weil sie als Fußtruppen gemeinsam mit den Patriziern in den Krieg zogen. Da der Adel den Plebejern die politische Teilhabe an der *res publica* verwehrte und auch auf berechtigte soziale Forderungen nicht einging, kam es zwischen dem 5. und 3. Jh. v. Chr. zu schweren innenpolitischen Spannungen, die in der modernen Forschung ‹Ständekämpfe› genannt werden. Die Plebejer verweigerten in dieser Zeit des öfteren den Kriegsdienst. Da Rom häufig Kriege mit seinen Nachbarn führte, war dieses Druckmittel sehr erfolgreich: So erstritten sich die Plebejer allmählich eine eigene Organisation, Schutzrechte und politische Mitsprache. Am Ende der Ständekämpfe verfügten sie über eine eigene Versammlung (*concilium plebis*), deren Beschlüsse als Gesetze (*plebiscita*; Sg. *plebiscitum*) anerkannt wurden. Ihre Magistrate, die Volkstribunen, hatten das Recht, die Anordnungen und Maßnahmen aller anderen Beamten zu verbieten; sie besaßen das Vetorecht (abgeleitet von *veto*: «ich verbiete»). Reiche und angesehene Plebejer konnten jetzt Mitglied des Senates werden und sogar in das höchste Amt, den Konsulat, gewählt werden. Sie wurden «neue Männer» (*homines novi*) genannt. Bald bildeten die Patrizier und die Aufsteiger aus der Plebs eine neue Oberschicht, die Nobilität (abgeleitet von *nobilis*: «bekannt», «vornehm»). Zu ihr zählten die plebejischen und patrizischen Familien, die die höchsten Beamten stellten. Aus dem alten patrizischen Geburtsadel wurde ein patrizisch-plebejischer Amtsadel, der die römische Republik lenkte.

9. Wie wurde Rom zur Weltmacht? In harten Kämpfen unterwarfen die Römer bis 270 v. Chr. ganz Italien – mit Ausnahme der Poebene. Gleichzeitig errichteten sie ein differenziertes Bundesgenossensystem, das ausgesprochen stabil war und das den Römern ermöglichte, schwierige Krisen wie die Auseinandersetzungen mit dem mächtigen Karthago zu überstehen, das in drei blutigen Kriegen (264–241, 218–201 und 149–146 v. Chr.) niedergerungen und vernichtet wurde. Rom bestimmte danach die Geschicke im westlichen Mittelmeer. Nach dem Ende des Zweiten Punischen Krieges stieg Rom im griechischen Osten zur führenden Macht auf. Streitigkeiten nutzte man geschickt, um sich zum eigenen Vorteil in die politischen Verhältnisse der Nachfolgestaaten des Alexanderreichs einzumischen. Römische Gesandtschaften und Militärs bestimmten die Politik in Griechenland und in Kleinasien (dem westlichen Teil der heutigen Türkei). Widerstand wurde nicht geduldet.

168 v. Chr. besiegte der römische Feldherr L. Aemilius Paullus den makedonischen König Perseus in der Schlacht von Pydna im südlichen Makedonien. Ein Friedensvertrag wurde nicht geschlossen. Die Römer zerschlugen das Makedonenreich in vier Teilstaaten. In allen griechischen Städten wurden römerfreundliche Parteien ans Ruder gebracht, oppositionelle Kräfte vernichtet. In der nordwestgriechischen Landschaft Epirus, die zu Perseus übergelaufen war, plünderten römische Soldaten 70 Orte; 150 000 Menschen wurden in die Sklaverei verkauft.

Wenige Wochen nach der Schlacht von Pydna forderte der römische Gesandte C. Popilius Laenas den mächtigen Seleukidenkönig Antiochos IV. Epiphanes vor Alexandreia auf, seinen Angriff auf Ägypten einzustellen. Als Antiochos zögerte, zog der Römer mit einem Zweig auf dem Boden einen Kreis um den König und verlangte eine Entscheidung, bevor er den Kreis verlasse. *faciam, quod censet senatus*, antwortete Antiochos: «Ich werde tun, was der Senat für richtig hält.»

In Griechenland sagten sich bald nach 150 v. Chr. die meisten Städte auf der Peloponnes von Rom los. Erst wurden nur römische

Gesandte beleidigt, dann brach der jahrelang aufgestaute Haß hervor: Es kam zum Aufstand. Rom reagierte mit brutaler Härte. Da Korinth das Zentrum des Widerstandes war, wurde es im Herbst 146 v. Chr. geplündert, die männliche Bevölkerung getötet, Frauen und Kinder als Sklaven verkauft. Dann ging die Stadt in Flammen auf. Im selben Jahr wurde Karthago dem Erdboden gleichgemacht.

133 v. Chr. war Rom so mächtig, daß König Attalos III. von Pergamon sein Reich aus freien Stücken testamentarisch den Römern vermachte.

Im 1. Jh. v. Chr. äußerte sich Mithridates VI., der über das kleinasiatische Königreich Pontus herrschte und mit den Römern im Krieg stand, über die Gründe der römischen Eroberungen: «Für die Römer gibt es nur ein einziges und uraltes Motiv, mit allen Nationen, Völkern und Königen Krieg zu führen, nämlich die unersättliche Gier nach Macht und Reichtum. ... Die Römer richten ihre Waffen gegen alle Völker, am heftigsten aber gegen die, deren Unterwerfung ihnen die größte Beute bringt. Indem sie wagemutig waren und Täuschungen begingen und Krieg an Krieg reihten, sind sie groß geworden» (Sallust, Historien 4,69).

Die Römer selbst sahen das ganz anders. Sie glaubten, es sei ihre Bestimmung, die Welt zu beherrschen. Ende des 1. Jh. v. Chr. ließ der Dichter Vergil den Göttervater Zeus sprechen: «Du Römer, gedenke – dies sei deine Berufung – mit Macht die Völker zu lenken und friedliche Ordnung zu stiften, Unterworfene zu schonen und die Aufständischen niederzukämpfen!» (Vergil, Aeneis 6,851 ff.).

10. War Augustus der erste römische Kaiser? Aus den Trümmern und aus den Traditionsbruchstücken der Republik errichtete Augustus nach dem Ende der Bürgerkriege eine monarchische Herrschaft, die die ersten drei Jahrhunderte der christlichen Ära überdauerte. Sie wurde als Prinzipat bezeichnet, weil Augustus sich *princeps*, «der erste (Bürger)», nannte. Wir nennen die römischen *principes* nach Augustus' Adoptivvater Iulius Caesar «Kaiser».

Augustus wurde als C. Octavius am 23. September 63 v. Chr. in Rom als Sohn einer wohlhabenden, aber nicht zur Nobilität zählenden Familie geboren. Der 19jährige Großneffe C. Iulius Caesars wurde von diesem adoptiert und trug fortan dessen Namen. Rücksichtslos wurde damals in der römischen Aristokratie der Kampf um die Macht im römischen Staat geführt. Nach dem Attentat auf

Caesar an den Iden des März (15. März) 44 v. Chr. beteiligte sich sein Adoptivsohn an der Vernichtung der Caesarmörder, um dann seinen zeitweiligen Verbündeten und späteren Rivalen, Marcus Antonius, der sich mit der ägyptischen Königin Kleopatra zusammengetan hatte, auszuschalten. 31 v. Chr. triumphierte der Erbe Caesars bei Actium vor der griechischen Westküste über seine Gegner. Antonius und Kleopatra begingen daraufhin Selbstmord. Der Sieger war der mächtigste Mann im Römischen Reich. Seinem Befehl gehorchten die Soldaten, er verfügte über zahllose Anhänger in Italien und den Provinzen, er hatte unermeßliche finanzielle Mittel, und er war der einflußreichste Patron. Doch er griff weder nach der Königswürde noch nach dem Amt des Diktators, das seinem Adoptivvater zum Verhängnis geworden war.

Am 13. Januar 27 legte der junge Caesar in einer sorgfältig inszenierten Senatssitzung seine außerordentlichen Vollmachten nieder und gab dem Senat und Volk von Rom die Verfügungsgewalt über die *res publica* zurück. Die nun ergehenden Beschlüsse des Senates sicherten jedoch seine herausragende Stellung und begründeten den Übergang von der Republik zur Monarchie. Er behielt den Konsulat und bekam die zunächst auf zehn Jahre befristete Kontrolle über die Provinzen, in denen das Heer stand. Zum Dank wurde ihm am 16. Januar der Name «Augustus» («der Erhabene») verliehen. Er hieß nun «Imperator Caesar Augustus». Bis zum Ende des 3. Jh.s n. Chr. sollten diese drei Namen fester Bestandteil der Kaisertitulatur sein.

Bis in das Jahr 23 v. Chr. war Augustus ununterbrochen Konsul, um die Politik in Rom zu kontrollieren. Als sich dagegen im Senat Widerstand formierte, gab er den Konsulat auf und nahm dafür die Amtsgewalt eines Volkstribunen, die *tribunicia potestas*, auf Lebenszeit an. Dadurch konnte er, wie zuvor als Konsul, Senatssitzungen und Volksversammlungen einberufen. Zugleich ließ er sich vom Senat die Aufsicht auch über diejenigen Provinzen übertragen, in denen kein Militär stand. Vier Jahre später wurden ihm die Vollmachten eines Konsuls verliehen. Augustus vereinigte folglich auf seine Person die Rechte und Befugnisse verschiedener republikanischer Ämter, die er als solche nicht bekleidete. Gleichzeitig wurden wie bisher Konsuln, Prätoren, Ädile, Volkstribune und andere Beamte gewählt, in den Volksversammlungen Gesetze verabschiedet und im Senat den Magistraten Ratschläge erteilt.

Hinter der Fassade der wiederhergestellten republikanischen

Ordnung (*res publica restituta*) errichtete Augustus eine Alleinherrschaft, die seine im Bürgerkrieg erworbene Machtfülle in rechtliche Formen kleidete. Damit hatte er eine Antwort auf die Unfähigkeit der römischen Oberschicht gefunden, alternative Strategien zur Bewältigung der Krise der Republik zu entwickeln. Gleichwohl regte sich unter Senatoren Widerstand, den Augustus jedoch mit diplomatischem Geschick unterlief oder mit großer Härte brach. Als Augustus 14 n. Chr. starb, erwies sich die von ihm geschaffene Ordnung als zukunftsfähig. Seine Nachfolger mußten sich allerdings bemühen, nicht nur ihre überragende militärische und soziale Macht zu demonstrieren, sondern ihre Herrschaft durch die Anerkennung ihrer Untertanen zu legitimieren.

11. Wie hielten die Römer ihr Weltreich zusammen? «Das eben ist das Großartige dieser Jahrhunderte, daß das einmal angelegte Werk, die Durchführung der lateinisch-griechischen Zivilisierung in der Form der Ausbildung der städtischen Gemeindeverfassung, die allmähliche Einbeziehung der barbarischen oder doch fremdartigen Elemente in diesen Kreis, eine Arbeit, welche ihrem Wesen nach Jahrhunderte stetiger Tätigkeit und ruhiger Selbstentwicklung erforderte, diese lange Frist und diesen Frieden zu Lande und zur See gefunden hat.» Mit diesen Worten beschrieb Theodor Mommsen 1885 im fünften Band seiner «Römischen Geschichte» die Stabilität der von Augustus geschaffenen Ordnung des Imperium Romanum. Bis zur Krise des 3. Jh.s n. Chr. gelang es einem überschaubaren Apparat von zivilen und militärischen Beamten, ein großes Reichsgebiet erfolgreich zu beherrschen.

Augustus und seine Nachfolger delegierten zahlreiche Aufgaben an loyale Mitarbeiter und schufen neue Ämter. So entstand die kaiserliche Verwaltung, deren wichtigste Posten von Senatoren bekleidet wurden. Darüber hinaus übernahmen auch Angehörige des Ritterstandes administrative Aufgaben, und Freigelassene sowie Sklaven des kaiserlichen Hauses kamen in der Kanzlei und im Finanzwesen zum Einsatz.

Grundlage der territorialen Organisation war die Einteilung des riesigen Herrschaftsgebietes in Provinzen. Diese wurden gemäß einer Übereinkunft, die Augustus 27 v. Chr. mit der Senatsaristokratie getroffen hatte, teils vom Senat, teils vom Kaiser verwaltet. In den kaiserlichen Provinzen, deren Zahl im Laufe der Jahrhunderte schwankte, standen die meisten Legionen. Für seine Provinzen ernannte der Prinzeps Statthalter aus dem Senatorenstand, sogenannte *legati Augusti pro praetore* («Vertreter des Kaisers im prätorischen Rang»), die meist für drei Jahre, bisweilen auch länger, im Amt blieben. In kleinere Provinzen des Kaisers wurden ritterliche Präfekten oder Procuratoren entsandt. Die übrigen Provinzen wurden durch ehemalige Konsuln und Prätoren verwaltet; sie bestimmte der Senat als Statthalter im Rang eines Proconsuls für ein Jahr durch Los. Die zivilen und militärischen Aufgaben aller Statthalter wurden durch Dienstanweisungen des Kaisers geregelt, der auf Anfragen und Eingaben aus den Provinzen reagierte. Es scheint, als sei die Verwaltungszentrale in Rom seit dem Ende des 2. Jh.s n. Chr. immer selbständiger geworden und habe eigene Entscheidungen ohne Rücksprache mit dem Prinzeps als «kaiserlich» ausgegeben.

Die Verwaltungsintensität war allerdings nicht allzu hoch. Die mächtigsten Amtsträger waren im Gegensatz zu den Beamten der Neuzeit keine Verwaltungsspezialisten, sondern qualifizierten sich durch ihren sozialen Rang. Zahlreiche Aufgaben wurden darüber hinaus von den Städten und ihren Eliten wahrgenommen. Im Osten des Reiches profitierten die Römer von den bereits bestehenden Strukturen, im Westen hingegen schufen sie ein neues System indirekter Herrschaft; deren Rückgrat waren neugegründete Städte, eine entwickelte Infrastruktur, vor allem das Straßennetz, und die Ansiedlung von Veteranen. Probleme, die auf städtischer Ebene nicht gelöst werden konnten, wurden dem Statthalter der jeweiligen Provinz vorgelegt, der sich bei schwierigen Fragen oder einer unklaren Rechtslage an den Kaiser wandte.

12. Was ist der Limes? Mit 542 km Länge ist der obergermanisch-raetische Limes das eindrucksvollste Monument der Römerzeit in Deutschland. Er durchzieht die heutigen Bundesländer Rheinland-Pfalz, Hessen, Bayern und Baden-Württemberg und markiert die einstige Grenze des Imperium Romanum zum ‹freien› Germanien.

Auf dem Gebiet der römischen Provinz Obergermanien bestand der Limes zunächst aus einer durch Holztürme bewachten Schneise, die um die Mitte des 2. Jh.s n. Chr. durch eine vorgelagerte Palisade, Wall und Graben sowie Türme aus Stein befestigt wurde. In Raetien

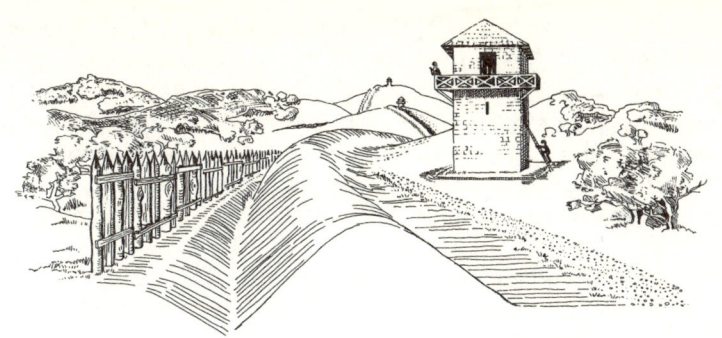

Abb. 1: Rekonstruktion des obergermanischen Limes in seiner letzten Ausbauphase

sicherten die römischen Truppen den Limes-Weg erst durch eine Holzpalisade und später, als Mark Aurel und Commodus gegen die Markomannen kämpften (167–182 n. Chr.), mit einer zwei bis drei Meter hohen Steinmauer. Der weit vorgeschobene obergermanisch-raetische Limes wurde 260 n. Chr. durch germanische Verbände überrannt.

Verschiedene Streckenabschnitte führen bis zu 80 km weit schnurgerade durch die Landschaft, ohne Rücksicht auf die natürlichen Gegebenheiten des Raumes zu nehmen. Eindrucksvolle Reste der römischen Befestigungsanlage sind auch heute noch sichtbar. Ihre detaillierte Erforschung und konservatorische Betreuung ist eine der großen organisatorischen und finanziellen Herausforderungen der deutschen Denkmalpflege. Seit 1999 gibt es daher eine Deutsche Limesstraße, eine Deutsche Limeskommission wurde 2003 gegründet, und seit 2005 zählt der Grenzwall zum Weltkulturerbe der UNESCO.

Die Reichsgrenze wurde indes nicht nur in Germanien und Raetien gesichert. Auch in den Donauprovinzen Pannonien und Moesien, den römischen Gebieten im Vorderen Orient und in Nordafrika gab es ein ausgeklügeltes Kontrollsystem, das aus Militärstraßen, Wachttürmen und Kastellen bestand. In Britannien ließ Kaiser Hadrian (117–138 n. Chr.) zwischen der Mündung des Flusses Tyne und der Atlantikbucht Solway Firth einen Steinwall mit davorliegendem Graben errichten, den 118 km langen Hadrianswall.

Hatte man seit dem 19. Jahrhundert den Limes als lückenlose, dauerhafte ‹Reichsgrenze› verstanden, so zeigen neuere Forschungen, daß es sich bei den verschiedenen *limites* um ein komplexes System der Grenzkontrolle handelte, das sehr flexibel auf die sich im Laufe der Jahrhunderte wandelnden politischen, militärischen, wirtschaftlichen und gesellschaftlichen Rahmenbedingungen in den jeweiligen Provinzen reagierte.

13. Wieso wurden die Christen verfolgt? Das Verhältnis der Christen zum römischen Staat war ambivalent. Es schwankte zwischen distanzierter Loyalität und offener Konfrontation. Wiewohl die Christen durchaus in die städtische Wirtschaft integriert waren (sie durften nur keine Gegenstände des Opferkults herstellen und vertreiben), blieben sie in den ersten drei Jahrhunderten vom kommunalen Leben ausgeschlossen: Sie bekleideten keine Ämter, nahmen nicht an religiösen Festen teil, besuchten weder Zirkus- noch Theaterveranstaltungen und verweigerten das alle Bewohner des Reiches verbindende Opfer für den Kaiser und die Staatsgötter. Da sie zu ihren Zusammenkünften keine Fremden zuließen, erregten sie rasch Argwohn. So entstanden viele Vorwürfe und Verdächtigungen. Die Christen wurden als Atheisten und Verschwörer angegriffen, als Eselsanbeter und Zauberer verspottet, sie galten als ungebildet und dumm, man hielt ihnen sexuelle Verfehlungen vor, und schließlich wurden sie zur Ursache allen Übels. Ihre Bereitschaft, die kaiserliche Herrschaft anzuerkennen, und ihre Versicherung, für die Wohlfahrt des Reiches zu beten, konnten ihre Ausgrenzung als Außenseiter nicht verhindern. So kam es immer wieder zu Verfolgungen.

Die Auseinandersetzung zwischen Imperium Romanum und Christentum vollzog sich auf drei verschiedenen Ebenen: Zunächst kam es zu Konfrontationen in den Städten. Hier gab es bereits seit der Zeit des Apostels Paulus Unruhen, in denen Beamte von Bürgern aus religiösen, politischen, aber auch wirtschaftlichen Gründen zum Vorgehen gegen Christen gedrängt wurden. Dann mußten sich Statthalter einzelner Provinzen mit der Durchführung von Prozessen gegen Christen befassen, um die öffentliche Ordnung aufrechtzuerhalten. Die Statthalter reagierten auf Anzeigen und versuchten, die lokalen und regionalen Konflikte zu entschärfen. Christen, die nach der Märtyrerkrone strebten und sich den Tod wünschten, unterliefen freilich eine solche Politik. Schließlich mußten sich die Kaiser selbst mit der Frage befassen, wie mit den Christen zu verfahren sei: Damit wurde diese religiöse Minorität zu einem Gegenstand kaiserlicher Gesetzgebung.

Bei den Verfolgungen sind zwei Phasen zu unterscheiden. Bis in die Mitte des dritten Jahrhunderts gab es nur vereinzelte, lokal begrenzte Aktionen gegen einzelne Christen. Hierzu zählen die Christenverfolgung unter Nero 64 n. Chr. in Rom, die Pogrome in Vienne und Lyon (177/78) und Martyrien in Kleinasien, Nordafrika und Ägypten seit 180 n. Chr. Die Rechtsgrundlage der Verfolgungen ist bis heute Gegenstand der wissenschaftlichen Diskussion. Am schlüssigsten scheint die Vermutung, daß die Christen wegen ihres «Christseins», wegen des *nomen Christianum*, verfolgt wurden. Denn sie galten schon aufgrund der Hinrichtung ihres Gründers als kriminelle und staatsfeindliche Vereinigung. Dennoch wurden die Magistrate paradoxerweise nicht von sich aus tätig, sondern reagierten nur auf Anzeigen, die allerdings nicht anonym eingereicht werden durften.

Mit Decius (249–251 n. Chr.) setzte ein grundsätzlicher Wandel in der Behandlung der Christen ein. Vor dem Hintergrund der Reichskrise wurden die Christen mehrfach systematisch auf der Basis kaiserlicher Gesetze verfolgt. Ihnen wurde jetzt vorgeworfen, durch die Verachtung der Götter und den Bruch mit der Tradition (*mos maiorum*) die katastrophale innen- und außenpolitische Lage verschuldet zu haben. Durch reichsweite Opfer, denen sich die Christen entzogen, sollte nicht mehr allein die Treue zu Kaiser und Reich demonstriert, sondern in schweren Zeiten die Gunst der Götter wiedererlangt werden. Die letzte und schwerste Verfolgung erlitten die Christen am Ende der Regierungszeit des Kaisers Diokletian (284–305 n. Chr.). Die Zahl der getöteten Gläubigen schätzt man heute auf einige tausend.

14. Wie veränderte sich das römische Kaisertum in der Spätantike? Den Kaiser der Spätantike sah die ältere Forschung als unumschränkten Alleinherrscher (*dominus*), der durch keine Instanz kontrolliert worden sei und sich wie ein orientalischer Despot über das Gesetz gestellt habe. In Abgrenzung vom Prinzipat der ersten drei Jahrhunderte sprach man vom «Dominat», das mit dem Regierungsantritt Diokletians im Jahre 284 n. Chr. begonnen habe.

Diese vor allem in staatsrechtlichen Überlegungen begründete strikte Unterscheidung wird heute nicht mehr vertreten. Der Blick richtet sich eher auf Kontinuitäten in der Selbstdarstellung und im Auftreten der Kaiser, die bis in das 3. Jh. n. Chr. zurückreichen. Dennoch ist nicht zu leugnen, daß das Römische Reich durch die Reformen der Kaiser Diokletian (284–305 n. Chr.) und Konstantin (306–337 n. Chr.) tiefgreifend umgestaltet wurde. So entstand eine neue, dreigliedrige Verwaltungsstruktur mit Präfekturen, Diözesen und Provinzen, deren Zahl durch Teilung fast verdoppelt wurde. Strikt wurde die militärische von der zivilen Gewalt getrennt. Die Probleme der Grenzverteidigung erforderten eine Neuordnung des Militärs. Heer und Bürokratie verschlangen Unsummen, und die Bevölkerung litt unter erheblichen steuerlichen Lasten und Zwangsabgaben (*munera*). Die städtische Selbständigkeit wurde radikal beschnitten. Zur Vermeidung von Usurpationen und zur Verteilung der wachsenden Aufgaben in der Innen- und Außenpolitik regierten mehrere Kaiser gleichzeitig. Die Spätantike ist folglich durch ein Mehrkaisertum charakterisiert. 395 n. Chr. kam es schließlich zur faktischen Teilung des Reiches. Auch wenn an der Idee der Einheit des Imperiums weiter festgehalten wurde, regierten nunmehr unterschiedliche Kaiser im Osten und im Westen.

Die mit Konstantin einsetzende Christianisierung des spätantiken Staates verringerte keineswegs, sondern vergrößerte vielmehr den Abstand des Kaisers zu seinen Untertanen. Zwar war der Herrscher nun nicht mehr Gott, aber er war Gottes Stellvertreter (*vicarius Christi*), der «allerchristlichste Kaiser» (*Imperator Christianissimus*), und seine Herrschaft kam von Gott, dem ungleich größere Macht zugeschrieben wurde als den heidnischen Göttern. Die besondere Nähe des Kaisers zu dem dreieinigen Gott garantierte den Fortbestand des Reiches und die Sieghaftigkeit der Heere über die zahlreichen äußeren Feinde. Das charismatische Kaisertum der Prinzipatszeit verwandelte sich in ein Kaisertum von Gottes Gnaden, das bis weit in die Neuzeit hinein Bestand hatte.

Soziale Strukturen

15. Welche Bedeutung hatte die Familie? In den agrarisch geprägten Gesellschaften des Altertums kam der Familie eine herausragende Bedeutung zu. Sie war die wichtigste Grundeinheit des sozialen Lebens. Allerdings dürfen wir auf die Familie in Griechenland und Rom nicht unsere Vorstellungen von einer ‹Kleinfamilie› übertragen, die in der Regel aus den Eltern und einem oder zwei Kindern besteht. Wenn wir von der Familie in der Antike sprechen, meinen wir einen Personenverband, dem in der Regel der Familienvater als Oberhaupt, seine rechtmäßige Ehefrau, die gemeinsamen Söhne und Töchter sowie Abhängige und Sklaven angehörten. Die Familie bildete die wirtschaftliche und gesellschaftliche Existenzgrundlage für alle unter einem Dach lebenden Menschen, die zugleich auch durch den häuslichen Kult und gemeinsame religiöse Handlungen miteinander verbunden waren. Über die konkreten Lebensformen einer Familie entschied vor allem der soziale Stand. Ein adliger Haushalt mit großem Landbesitz und Gesinde eröffnete Eltern und Kindern erhebliche Freiräume, während eine Familie am unteren Rand der Gesellschaft auf die Arbeitskraft aller Mitglieder angewiesen war.

Für den Fortbestand der Familie waren legitime Nachkommen erforderlich. Die rechtlich gültige Ehe zwischen Mann und Frau war deshalb die wichtigste soziale Verbindung; ihre Gründung, ihr Vollzug und ihre Auflösung waren daher genau geregelt. Die Sexualmoral orientierte sich an der Funktion der Ehe. Um die Zeugung rechtmäßiger Erben zu garantieren, wurde von Frauen unbedingte Treue verlangt. Ehebruch wurde daher drakonisch bestraft. Außereheliche Kontakte der Ehemänner zu nicht verheirateten Frauen wurden in den antiken Gesellschaften jedoch zumeist toleriert.

Der griechische Begriff, der am ehesten unserem modernen Wort «Familie» entspricht, heißt *oíkos* und bezeichnet nicht nur das Haus und den Hof, sondern auch die Lebensgemeinschaft. Die dominierende Rolle im *oíkos* kam dem Hausvater zu, der Herr (*kýrios*) über alle Angehörigen war. Allerdings wurde die Hausgewalt des Vaters mit dem väterlichen Besitz zu gleichen Teilen und durch Los an die erwachsenen Söhne weitergegeben, die dann ihre Eltern und gegebenenfalls auch unverheiratete Schwestern zu versorgen hatten.

Um den Besitz nicht unter zu vielen Söhnen aufteilen zu müssen, neigten gerade bäuerliche Familien dazu, die Kinderzahl niedrig zu halten. Drohte die Existenzgrundlage des *oîkos* in Gefahr zu geraten, durften Neugeborene ausgesetzt werden. Die griechischen Mythen im allgemeinen und die attische Tragödie im besonderen kennen viele Säuglinge, die ausgesetzt und auf wundersame Weise gerettet wurden.

In Athen war der Schutz des *oîkos* zugleich Gegenstand der Gesetzgebung der Polis. «Jede Polis ist aus Häusern zusammengesetzt», heißt es bei Aristoteles. Die rechtsgültige Ehe zwischen einem Bürger und einer Bürgerin war in Athen seit 451 v. Chr. Voraussetzung für das Recht auf politische Teilhabe. In Sparta hingegen spielte der *oîkos* eine untergeordnete Rolle. Für die Erziehung der Kinder war ab dem siebten Lebensjahr die Polisgemeinschaft zuständig, die auch wichtige erbrechtliche Fragen regelte.

Die römische *familia* war dadurch charakterisiert, daß der Hausvater, der *pater familias*, bis an sein Lebensende die väterliche Gewalt, die *patria potestas*, nicht nur über die Ehefrau, die Töchter und die Sklaven, sondern auch über seine erwachsenen Söhne und deren Familien behielt. Selbst die verheirateten Töchter blieben seit dem 1. Jh. v. Chr. in der Regel unter der Gewalt ihres Vaters. Die *patria potestas* reichte theoretisch bis zum Tötungsrecht, das aber faktisch nur sehr selten ausgeübt wurde.

16. Wie gestaltete sich das Verhältnis von Alten und Jungen?

Die Wahrnehmung der Alten und der Jungen, die soziale und politische Bedeutung der Alten und der ‹Dialog der Generationen› waren in den einzelnen antiken Gesellschaften sehr unterschiedlich. Einige verallgemeinernde Aussagen lassen sich dennoch machen: Während sich zahlreiche antike Autoren, aber auch Gesetzestexte mit dem Alter beschäftigen, wird Kindern und Jugendlichen nur ein mäßiges Interesse entgegengebracht. Ihre Lebenserwartung war gering. Eine hohe Geburtenrate ging einher mit einer hohen Kindersterblichkeit. Man vermutet, daß die Hälfte aller Kinder in den ersten drei Jahren starb. Die Sorge für die vom Hausvater (und von der politischen Gemeinschaft) als rechtmäßig anerkannten Kleinkinder wurde zumeist der Mutter übertragen. Wer es sich in der Oberschicht leisten konnte, beschäftigte eine (meist unfreie) Amme.

Kinder wurden aus dem Blick der Erwachsenen beurteilt, und ge-

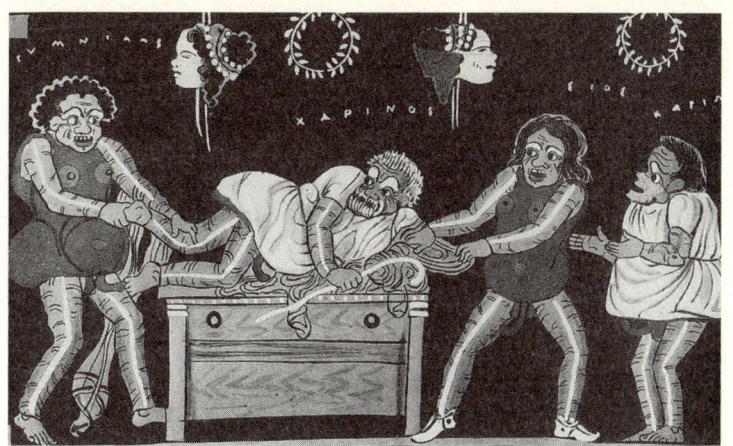

Abb. 2: Komödienszene auf einem italischen Mischgefäß
aus der Mitte des 4. Jh.s v. Chr.: Ein Greis wird von zwei Männern
von seiner Schatztruhe heruntergezerrt; sein Sklave steht
verängstigt daneben.

rade die Söhne und Töchter von Bauern und kleinen Handwerkern
mußten ebenso wie Sklavenkinder schon in jungen Jahren im Hof,
in der Werkstatt und auf dem Feld mit anpacken. In der Regel erhielten die Söhne, manchmal auch die Töchter, ab ihrem siebten
Lebensjahr eine außerhäusliche Erziehung, um Lesen, Schreiben
und Rechnen zu lernen. Die weitere Ausbildung war abhängig vom
Geschlecht und von der Herkunft. Die Zahl der Alten wiederum
war aufgrund der schlechten medizinischen Versorgung, der häufi-
gen Mißernten und der zahlreichen Kriege wesentlich niedriger als
in den Industrienationen des 21. Jahrhunderts.

In den meisten Poleis des klassischen und hellenistischen
Griechenlands war die gesellschaftliche Beurteilung des Alters
zwiespältig, die Beziehung zwischen Alten und Jungen konfliktge-
laden. In Athen trat der Sohn mit der Übernahme des *oíkos* aus seiner Unterordnung heraus; der Vater wurde zugleich auf das Altenteil
gesetzt und büßte seine Autorität ein. Der rechtmäßige Erbe hatte
nun die alten Eltern zu versorgen, die sich ihrerseits dem neuen
Hausherrn unterordnen mußten. Dieser Rollenwechsel führte zu
Spannungen, die durch eine wirtschaftliche Notlage noch verschärft
werden konnten.

Während in Athen diejenigen mittleren Alters gepriesen wurden, ehrte man in Sparta die Alten: So war der politisch einflußreiche Adelsrat (*gerousía*) nur mit Männern über 60 Jahren besetzt. Auch in der römischen Gesellschaft genoß das Alter hohe Wertschätzung, die auf der starken Stellung des *pater familias* gründete. An den Leistungen der Alten hatte man sich zu orientieren, und im Interesse der eigenen Familie und des Gemeinwesens hieß es, das Andenken an die Taten der männlichen Vorfahren zu bewahren. Der über 60jährige *senex*, der «Greis», war in Rom im Gegensatz zu Athen kein geduldeter Kostgänger, sondern der Inbegriff von Weisheit und Erfahrung. Doch auch er unterlag der sozialen Kontrolle. Geizige oder liebestolle alte Männer wurden in der Komödie verspottet.

17. Welche Bevölkerungsgruppen lebten in Athen? Die Bevölkerung, die in Athen und Attika lebte, gliederte sich in drei rechtlich definierte Kategorien: in Bürger, Metoiken und Sklaven. Alle Bürger waren politisch und rechtlich gleichgestellt. Das Bürgerrecht war die Voraussetzung für politische Teilhabe. Den Bürgern vorbehalten war in der Regel auch das Recht, in der Polis Grund und Boden besitzen zu dürfen.

Die Metoiken (wörtlich: «Mitbewohner») waren griechische wie nichtgriechische Freie, die dauerhaft in Athen oder Attika wohnten; sie sind zu unterscheiden von den Fremden, die sich nur vorübergehend in Athen aufhielten. Sie unterlagen dem Fremdenrecht und mußten eine geringe Sondersteuer entrichten. Die Metoiken waren je nach ihren Vermögensverhältnissen denselben finanziellen Verpflichtungen unterworfen wie die Bürger, dienten im Landheer in gesonderten Abteilungen (zumeist für die Landesverteidigung) und konnten als Ruderer zum Dienst in der Flotte herangezogen werden.

Jeder Metoike mußte sich einen athenischen Bürger auswählen, der es übernahm, vor Gericht für ihn einzutreten. Die Metoiken hatten in der Regel keinen Grundbesitz. Sie waren aber ein wichtiger wirtschaftlicher Faktor und vor allem im Handwerk und Handel, als Reeder, Geschäftsleute und Bankiers tätig. Viele Künstler (Polygnot aus Thasos), Wissenschaftler (Hippokrates aus Kos), Philosophen (Aristoteles aus Stageira) und Schriftsteller (Herodot aus Halikarnassos) waren Metoiken. Doch trotz der weitgehenden Integration der Metoiken in die wirtschaftlichen, kulturellen und militärischen

Strukturen der Polis wurden sie politisch nicht gleichgestellt und blieben rechtlich gesehen Fremde.

Die Sklaven waren im Athen des 5. Jh.s v. Chr. allgegenwärtig: Der wirtschaftliche Aufschwung ermöglichte vielen Bürgern und Metoiken den Kauf eines oder mehrerer Sklaven. Ein Sklave kostete, je nach Qualifikation, in der Regel zwischen sechs Monats- und zwei Jahreseinkommen. Da nicht immer gleich viel Arbeit anfiel, war für Kleinbauern die Anmietung von Sklaven oder die Beschäftigung von Tagelöhnern oft billiger.

Sklaven waren grundsätzlich persönlich unfrei und Eigentum ihres Herrn (nach Aristoteles ein «beseelter Besitz»). Die Tötung eines Sklaven wurde nur als Totschlag geahndet. Die Sklaven waren zumeist Handelsware oder Kriegsgefangene. Die Mehrzahl kam aus dem Hinterland der griechischen Kolonisationsgebiete, etwa aus Thrakien.

Am politischen Leben hatten Sklaven keinen Anteil; schwere Strafen drohten ihnen, wenn sie eine Volksversammlung oder Ratssitzung besuchten. Nur in größter Not wurden sie zum Kriegsdienst herangezogen. Unter den Sklaven gab es sowohl hochspezialisierte Fachkräfte als auch ungelernte Hilfsarbeiter. Entsprechend unterschiedlich war ihre soziale Stellung. Mehrheitlich waren sie in der Wirtschaft tätig. Dennoch war Athen keine «Sklavenhaltergesellschaft», da die athenische Ökonomie nicht ausschließlich auf der Arbeit von Sklaven basierte. Ein Bauer mit einem kleineren Anwesen hatte wahrscheinlich maximal ein bis zwei Sklaven. Auf größeren Gütern gab es mehrere Sklaven und teilweise auch einen Gutsverwalter, der unfrei war. In der Stadt waren zehn Sklaven keine Seltenheit; Besitzer großer Handwerksbetriebe (Gerber, Lampenmacher, Waffenhersteller) hatten bis zu 50, in seltenen Fällen auch 120 Arbeitssklaven. In den Silberbergwerken von Laureion arbeiteten bis zu 20 000 Sklaven, die allerdings verschiedenen Besitzern gehörten oder angemietet waren.

Sklaven waren darüber hinaus als Händler, Handwerker oder in anderen Berufen selbständig tätig und beschränkt geschäftsfähig. Es gab keinen Wirtschaftszweig, in dem nur Sklaven arbeiteten; in den Bauhütten der Akropolis, aber auch in den Steinbrüchen des Pentelikon und des Hymettos und in den Bergwerken waren neben Sklaven immer auch freie Bürger und Metoiken beschäftigt.

18. Was können wir über die Rolle der Frauen in der Antike sagen? Die antiken Gesellschaften beruhten auf der Trennung der Geschlechter («Geschlechtersegregation»), die durch ein traditionelles Wertesystem und unterschiedlich beschriebene Rollen von Mann und Frau gekennzeichnet war. Die Annahme einer – nicht nur in körperlicher Hinsicht – naturbedingten Verschiedenheit von Mann und Frau wurde nie angezweifelt. Männern waren die öffentliche Sphäre und die Tätigkeit im Freien vorbehalten. Die geschlechtsspezifische Arbeitsteilung prägte den Alltag zumal der bäuerlichen Familien und definierte besondere weibliche Tugenden. Frauenarbeit umfaßte das Spinnen und Weben, eine Beschäftigung, die seit Homer die ‹sittsame› Frau schlechthin charakterisierte, darüber hinaus die Kindererziehung, die Nahrungszubereitung sowie die Kontrolle über das Haus und die Krankenpflege. Der Bereich des Politischen (und der damit eng verbundene der Kriegführung) gehörte dem Mann; Frauen waren daher grundsätzlich von der direkten politischen Partizipation, etwa der Teilnahme an Wahlen, ausgeschlossen. Rechtlich waren die Frauen gegenüber ihren Ehemännern benachteiligt. Vor Gericht bedurften sie der Vertretung durch einen männlichen Verwandten. In Athen und Rom standen die Frauen ihr gesamtes Leben in Abhängigkeit von einem Vormund: Zunächst war dies der Vater, nach dessen Tod der älteste Bruder oder ein anderes männliches Familienmitglied, der für sie verbindliche Rechtsgeschäfte tätigte und häufig auch die Wahl des Ehemanns bestimmte. Bei der Heirat gingen die Vormundschaftsrechte in Athen auf den Ehemann über, in Rom konnte die Frau unter der Hausgewalt ihres Vaters (*patria potestas*) verbleiben.

Die jeweiligen Lebensräume waren in verschiedenen griechischen Poleis und in Rom höchst unterschiedlich. Maßgeblichen Einfluß auf die individuelle Situation der einzelnen Frau hatte zudem ihre soziale Stellung. In Athen war das Haus, der *oíkos*, der Mittelpunkt ihres Lebens. Sie war darin keineswegs eingeschlossen, sondern konnte das Haus für tägliche Verrichtungen und zur Teilnahme an religiösen Veranstaltungen verlassen, aber ihr war der Besuch der Gastmähler der Männer, der Symposien, strikt untersagt. Hier waren nur Hetären eingeladen, die keine bürgerlichen Rechte genossen und sich freier in einer von den Männern dominierten Umwelt zu bewegen vermochten.

Auch in Sparta waren die Rollen von Männern und Frauen deutlich getrennt. Doch in dieser Polis hatte der *oíkos* nicht die zentrale Bedeutung für die Geschlechterbeziehungen, da der spartanische Bürger sich außerhalb seines Hauses militärisch, wirtschaftlich und sozial im Kreise der anderen Männer zu bewähren hatte. Das eröffnete der spartanischen Bürgerin gewisse Freiräume innerhalb ihres *oíkos*. Zudem war sie durch die von der Polis organisierte Erziehung und durch sportliche Wettkämpfe stärker in der Öffentlichkeit präsent als eine Athenerin.

Die römische Frau, vor allem die römische Aristokratin, bewegte sich nicht nur im Haus freier, indem sie etwa bei Gastmählern und der Aufwartung von Klienten teilnehmen konnte, sondern auch in der Stadt selbst, wo es ihr erlaubt war, zu Theater- und Zirkusveranstaltungen zu gehen. Sie konnte lesen und schreiben, erzog die Kinder, beaufsichtigte das Gesinde und die Sklaven. Einen Wagen zu benutzen, öffentlich Schmuck zu tragen und sich von zahlreichen Dienerinnen begleiten zu lassen war Ausdruck ihres gesellschaftlichen Ranges. Als die Ehefrau des Hausherrn und die Mutter legitimer Kinder genoß sie innerhalb der Familie und im gesellschaftlichen Leben besonderes Ansehen. Politischen Einfluß konnte sie aber nur indirekt, über ihren Ehemann, ihren Sohn oder Bruder, ausüben.

In den hellenistischen Monarchien und im römischen Prinzipat war die Herrscherin zugleich Garantin der dynastischen Thronfolge. Diese Rolle eröffnete den weiblichen Angehörigen eines Herrscherhauses neue Möglichkeiten der öffentlichen Repräsentation.

19. Wie ging man in Griechenland mit Fremden um? Bevor diese Frage beantwortet werden kann, muß man sich darüber verständigen, wer in Griechenland überhaupt ein «Fremder» war. Das griechische Wort für Fremder ist *xénos*; daher leitet sich u. a. der Begriff «Xenophobie» ab: die Angst vor Fremden.

In jeder griechischen Polis wurde nicht nur der «barbarische», d. h. der griechischen Sprache unkundige Ausländer, sondern auch derjenige griechische Freie als «Fremder» wahrgenommen und rechtlich qualifiziert, der in dem Stadtstaat zwar seinen Wohnsitz, nicht aber das Bürgerrecht hatte. Überall in Griechenland war der Kreis der Bürger begrenzt, und da jede Polis sich als territorial und personell geschlossener Kult- und Rechtsverband begriff, war die Unterscheidung zwischen dem Bürger und dem Fremden ein konstitutives Element des staatlichen Selbstverständnisses. Die Fremden waren von der politischen Partizipation ausgeschlossen und in ihrer rechtlichen Stellung benachteiligt. Die Exklusivität des Bürgerrechts einer jeden griechischen Polis machte eine liberale Ausländerpolitik undenkbar.

Die Abgeschlossenheit der Bürgerschaft gegenüber Fremden war indes nicht durch kulturelle oder gar ethnische Motive begründet. Das Ziel der griechischen Bürgerrechtspolitik war es, den Kreis derer, die an der politischen Führung der Polis teilhatten, überschaubar zu halten und damit die Funktionsfähigkeit der geographisch fest umschriebenen Kult- und Rechtsgemeinschaft zu gewährleisten. Mit der zunehmenden Bedeutung des Bürgerrechts in den wirtschaftlich erfolgreichen Poleis häuften sich die Versuche, auf dem Weg der Eheschließung in den Kreis der Bürger aufgenommen zu werden. Das berühmte athenische Bürgerrechtsgesetz von 451 v. Chr. verbot deshalb zwar keine Ehen mit Ausländern, schloß aber die Kinder aus diesen Verbindungen vom Erwerb des Bürgerrechts aus.

In der griechischen Frühzeit war der Fremde grundsätzlich rechtlos. Der Ausschluß des Fremden von der Bürgersatzung wurde nur durch gemeinsame Verhaltensregeln gemildert, die den Bürgern die bindende Pflicht zur Gastfreundschaft auferlegte. In späterer Zeit entwickelten die griechischen Stadtstaaten ein Fremdenrecht, das den Ausländern ein gewisses Maß an Rechtssicherheit gab. Man unterschied zwischen den nicht in der Stadt ansässigen Fremden, die etwa in Athen bei ihrer Einreise eine zeitlich begrenzte ‹Aufenthaltsgenehmigung› erhielten, und den dauernd niedergelassenen Fremden, zu denen in Athen die Metoiken zählten, die nach einer festgesetzten Aufenthaltsdauer in ein ‹Ausländerverzeichnis› eingeschrieben wurden.

Darüber hinaus gab es in bestimmten innen- und außenpolitischen Krisensituationen regelrechte Fremdenvertreibungen, insbesondere bei der Gefahr der Eskalation innerer Auseinandersetzungen, bei Versorgungsengpässen und aus Angst vor Spionage und Geheimnisverrat am Vorabend eines Krieges oder während kriegerischer Auseinandersetzungen. Solche Ausweisungen waren ein durchaus geläufiges Instrument antiker Fremdenpolitik – selbst in Rom, das im Gegensatz zu den griechischen Stadtstaaten eine ausgesprochen großzügige Bürgerrechtspolitik betrieb.

20. Wer zählte in Rom zur Oberschicht? Die römische Oberschicht wird in zwei Stände geteilt: den Senatorenstand (*ordo senatorius*) und den Ritterstand (*ordo equester*). Die Mitglieder beider Stände verfügten über Großgrundbesitz, der von Sklaven und abhängigen Bauern bestellt wurde. Ihr Reichtum erlaubte ihnen, ein luxuriöses Leben ohne körperliche Arbeit zu führen und sich ganz ihren Geschäften, der Muße oder der Politik zu widmen.

Der Vorrang des Senatorenstandes begründete sich durch die politische Betätigung für das Gemeinwesen. Die Mitglieder dieses *ordo* bekleideten die Ämter und saßen im Senat. Zwar war die Zugehörigkeit zum Senatorenstand in der Republik *de facto* erblich, aber die Söhne einer senatorischen Familie hatten sich durch politische und militärische Leistungen zu bewähren. Dies erklärt, warum die römischen Aristokraten nach Rang und Ehre strebten und miteinander konkurrierten. Die erfolgreiche politische und militärische Tätigkeit begründete und sicherte den sozialen Rang, der seinerseits wieder die Voraussetzung für die Übernahme weiterer prestigeträchtiger Ehrenämter (*honores*) darstellte. «Wer Politik trieb, gehörte zum Adel, und wer adlig war, trieb Politik», beschrieb Christian Meier diese Wechselwirkung.

Die Ritter (*equites*) waren in der römischen Frühzeit reiche Bauern, die aufgrund ihres Wohlstandes zu Pferde (*equus*) in den Krieg ziehen konnten. Mit der römischen Expansion übernahmen sie neue öffentliche Aufgaben und wurden zu einem eigenen Stand: Viele Ritter zogen in den Provinzen Abgaben und Steuern ein und versorgten als Händler, Transportunternehmer, Reeder und Inhaber handwerklicher Großbetriebe die großen Heere mit Lebensmitteln und Waffen. Sie pachteten vom römischen Staat Bergwerke, Salinen und Minen und beuteten sie aus. Auf diese Weise gewannen sie riesige Vermögen, die sie wie die Senatoren in Land anlegten. Den Rittern war es möglich, Handels- und Geldgeschäfte im großen Stil zu betreiben, während den Senatoren ein Gesetz von 218 v. Chr. ebendiese Tätigkeiten untersagte.

Senatoren und Ritter stellten ihre Standeszugehörigkeit auch äußerlich zur Schau. Rangabzeichen der Senatoren waren der breite Purpurstreifen (*latus clavus*) an der Tunika und ein Ring aus Gold, die

Ritter hingegen trugen einen schmalen Purpurstreifen (*angustus clavus*) sowie ebenfalls einen Goldring. Im Theater hatten beide *ordines* Ehrensitze in den vordersten Reihen. Seit der augusteischen Zeit war die Zugehörigkeit zudem an ein Mindestvermögen gebunden: eine Million Sesterzen für Senatoren, 400 000 Sesterzen für Ritter. Zum Vergleich: Das Existenzminimum lag in den Städten des Römischen Reiches etwa bei 400 bis 500 Sesterzen.

In der frühen Kaiserzeit wurde die Grenze zwischen den beiden Ständen rechtlich festgeschrieben. Sie waren einheitlich organisiert, im Gegensatz zu den sogenannten *ordines decurionum*, den Stadträten der vielen tausend Einzelgemeinden im Imperium, deren Zusammensetzung sich nach lokalen Gegebenheiten richtete. Ritter und Senatoren wurden jetzt gleichermaßen an der Verwaltung des Römischen Reiches beteiligt. Gleichzeitig nahmen die Kaiser nicht mehr nur loyale Ritter aus Rom und Italien, sondern immer häufiger Mitglieder der regionalen Oberschichten in den Senatorenstand auf. So wurde aus dem stadtrömischen *ordo senatorius* eine ‹Reichsaristokratie›, die bis in die Spätantike fortbestand.

21. Was sind Klienten, und was ist ein Patron? Unter einem Klienten verstehen wir heute den Kunden eines Anwalts. Das lateinische Wort *cliens* bedeutete ursprünglich jedoch «Schutzbefohlener». In der römischen Republik stellten sich freie, aber sozial schwache Bürger, meist Bauern, Fremde und freigelassene Sklaven, unter den Schutz eines adligen Patrons, der ihnen in rechtlichen Auseinandersetzungen half und den sie bei Wahlen unterstützten. Die Gesamtheit der einzelnen Klienten heißt Klientel (*clientela*).

Der *patronus* war der Schutzherr der Klienten. Er war zugleich der Vorstand (*pater familias*) einer adligen Familie, der außer den Verwandten und den Sklaven auch die Klienten angehörten. In der späten Republik suchten auch ausländische Gemeinden und fremde Herrscher den Schutz eines aristokratischen Patrons. Die Größe der vererbbaren Klientel bestimmte ganz wesentlich das Ansehen der aristokratischen Familien in Rom. In der Kaiserzeit war der Kaiser der mächtigste Patron. Zu seiner Klientel zählten seine Freigelassenen, die stadtrömische Bevölkerung, die Soldaten des Heeres und der Flotte und die Oberschichten der Provinzen.

Die Beziehung zwischen *cliens* und *patronus* beruhte auf gegenseitiger Verpflichtung (*fides*). So hatten die Klienten bestimmte Aufgaben (*officia*) zu erfüllen. Zu ihren Pflichten gehörte es, dem Patron morgens in angemessener Kleidung, in der Toga, einen Besuch abzustatten. Das Ritual der morgendlichen Begrüßung (*salutatio*) war streng geregelt: Die Klienten wurden nach ihrer gesellschaftlichen Stellung in verschiedene Gruppen eingeteilt und abgestuft zur *salutatio* vorgelassen. Je größer die Zahl der Klienten war, die sich einfanden, als desto einflußreicher galt der Patron. Zu den Pflichten des Patrons zählte, rechtzeitig zur Begrüßung seiner Klienten aufzustehen und nicht in den Tag hineinzuschlafen. Nach der *salutatio* begleiteten Klienten ihren Patron durch die Stadt, auf das Forum und in die Thermen.

Der Patron erwies seinen Klienten «Wohltaten» (*beneficia*), indem er ihre Anliegen vor Gericht vertrat und sie materiell unterstützte. So wurden Klienten zum Essen eingeladen, und sie erhielten nach der *salutatio* Lebensmittel zum Mitnehmen oder ein Geldgeschenk. Diese Versorgung der Klienten wurde mit dem Begriff *sportula* umschrieben: Das Wort meint eigentlich das Körbchen, in das die Speise hineingelegt wurde, dann aber auch das Geld, das die Klienten oft als eine Art Lohn empfingen. Darüber hinaus konnten Klienten jährlich eine neue Toga erhalten, und wenige Auserwählte wurden – bisweilen testamentarisch – mit großen Geldbeträgen und kleinen Landgütern bedacht.

22. Wie lebten römische Sklaven und Freigelassene? Sklaven wurden in Rom – wie auch in Griechenland – als Sache (*res*) angesehen und waren das Eigentum anderer Menschen. Ihnen war es verwehrt, eine rechtmäßige Ehe zu schließen. Die Macht über Leben und Tod hatte ihr Herr. Von seinem Wohlwollen und Verständnis hing es letztlich ab, ob der Sklave oder die Sklavin ein erträgliches Dasein fristete oder unter Demütigungen und Mißhandlungen zu leiden hatte. Wurde ein Sklavenbesitzer ermordet, mußten nach einem Gesetz aus der Zeit des Kaisers Augustus alle Sklaven, die zum Zeitpunkt des Mordes in seinem Haus oder in seiner Nähe gewesen waren, gefoltert und hingerichtet werden – ohne Rücksicht auf ihre individuelle Schuld.

Die Einrichtung der Sklaverei wurde zu keiner Zeit in Frage gestellt. Selbst diejenigen Unfreien, die sich zu einer Revolte erhoben, wie etwa Spartacus zwischen 73 und 71 v. Chr., wollten nicht die Sklaverei als

Institution abschaffen, sondern empörten sich gegen Grausamkeit, Ungerechtigkeit und Unterdrückung.

Sklaven waren meist Kriegsgefangene, Opfer von Raubzügen professioneller Sklavenhändler oder Beute der Piraten. Hinzu trat die natürliche Reproduktion, denn die Kinder einer Sklavin waren ihrerseits Sklaven, unabhängig von dem rechtlichen und sozialen Stand des Vaters. Der Sklavenhandel war straff organisiert, Versorgungsengpässe traten selten auf; bis in die christliche Spätantike gab es ausreichend Sklaven.

Sklavinnen (*servae*) und Sklaven (*servi*) waren in fast allen Bereichen des römischen Arbeitslebens anzutreffen. Die erhaltenen Quellen gestatten es nicht, sichere Aussagen über ihre Zahl zu machen. Da sie meist in ausreichender Menge zur Verfügung standen, konnte man auf betriebswirtschaftliche Überlegungen zur Steigerung der Arbeitseffizienz verzichten. Die konkreten Lebens- und Arbeitsbedingungen der Sklaven waren je nach ihrer Tätigkeit und ihrer Position höchst unterschiedlich. Die Sklaven bildeten daher keine einheitliche Klasse; die marxistische Lehre vom «Klassenkampf» zwischen Sklaven und Sklavenhaltern gilt zu Recht als überholt.

Das bitterste Los hatten die Sklaven, die in Bergwerken zum Einsatz kamen und in Ketten gelegt wurden, um sie von der Flucht abzuhalten. Bei ihnen handelte es sich jedoch oft um Kriminelle, die zur Zwangsarbeit verurteilt worden waren. Unfreie, die auf den großen Gütern der Aristokraten, den sogenannten Latifundien, eingesetzt wurden, fristeten häufig ein härteres Dasein als die Sklavinnen und Sklaven, die in den städtischen Häusern der Oberschicht lebten. Dort konnten sie als Lehrer, Verwalter oder persönlicher Sekretär durchaus anspruchsvolle Aufgaben übernehmen; ihre Versorgung war bisweilen besser als die eines Freien, der sich als Tagelöhner auf den Feldern verdingen mußte. Des weiteren konnte der Eigentümer seinem Sklaven erlauben, einen kleinen Betrieb zu gründen. War er erfolgreich tätig, durfte er eigene Sklaven einstellen und konnte sich, wenn er genug angespart hatte, freikaufen.

Seit dem 2. Jh. v. Chr. wurden in einem rechtlich klar geregelten Verfahren immer mehr Sklaven freigelassen. Diese *liberti* (freigelassenen Sklaven) und *libertae* (freigelassenen Sklavinnen) blieben ihren früheren Herren als Klienten verbunden und mußten weiterhin bestimmte Dienste für sie verrichten. Sie erlangten jedoch mit dem

Zeitpunkt der Freilassung das römische Bürgerrecht, so daß ihre Kinder bereits freigeborene Römer waren, die weiter aufsteigen konnten. Dies trug maßgeblich zur hohen sozialen Mobilität der römischen Gesellschaft bei.

23. Welche Aufstiegsmöglichkeiten hatte ein Bewohner aus einer römischen Provinz? Die Jahrhunderte überdauernde Existenz des Römischen Reiches, das sich von Britannien bis zum Euphrat und von Syrien über Ägypten bis Mauretanien erstreckte und unter Kaiser Trajan (98–117 n. Chr.) 5 Millionen km^2 umfaßte, gründete auf der erfolgreichen Integration fremder Gesellschaften. In dem eroberten Herrschaftsraum gab es viele Gemeinwesen, deren Sprache, Recht, Religion, politische Organisation und Kultur verschiedenartig waren. Aus diesen Städten und Stämmen wurde, begünstigt durch die innen- und außenpolitische Stabilität der frühen und hohen Kaiserzeit (*pax Augusta*), eine politische Einheit; die Eliten in den Provinzen erkannten die politische Herrschaft und die kulturellen Muster Roms an. Dabei waren die optische Präsenz der römischen Herrschaft und die kultische Verehrung des Kaisers zu Lebzeiten und nach seinem Tod wichtige Instrumente der Integration.

Politisch führend war der Personenverband der römischen Bürger (*cives Romani*). Seine Basis hatte er in Italien. In den Provinzen lebten römische Bürger in Kolonien oder in Municipien («Landstädten»). Doch im provinzialen Umfeld vertrauten die Römer im allgemeinen auf die vorgefundenen politischen Organisationsformen, soweit sie nicht der römischen Herrschaft im Wege standen. Verantwortlich für die Selbstverwaltung der Städte und Stämme war eine soziale und wirtschaftliche Elite, deren herausgehobene Position gestützt oder gestärkt wurde. Am wirkungsvollsten erwies sich die römische Bürgerrechtspolitik. Die Verleihung des römischen Bürgerrechts (*civitas Romana*) an Bürger ‹fremder› Gemeinwesen machte sie zu Mitgliedern der römischen Gesellschaft. Mit diesem Privileg wurden vornehmlich die führenden Familien der einzelnen Städte und Stämme ausgezeichnet, soweit sie zur Kooperation bereit waren und über gute Verbindungen zum römischen Statthalter oder anderen einflußreichen Personen verfügten. In der Regel durfte Rom davon ausgehen, daß die Neubürger und deren Nachfahren die römische Herrschaft in ihrer Heimat festigten und daß die Heimatgemeinden wußten, daß ihre Interessen wirkungsvoller von einem Wortführer ihrer Elite, der zugleich römischer Bürger war, vertreten wurden.

Eine nach Plan betriebene Politik sprachlich-kultureller Assimilation hat Rom nicht verfolgt. Allerdings öffneten sich gerade im Westen des Imperiums die Führungsschichten bereitwillig dem als überlegen wahrgenommenen «Roman Way of Life». Motor dieses Prozesses war die Gründung von Städten, d. h. die Umwandlung von Stämmen und Gefolgschaftsverbänden in städtische Gemeinden (*civitates*) mit eigenen Magistraten, einem Rat und einer Volksversammlung. Die lokalen Führungskräfte neigten aus pragmatischen Gründen meist von sich aus dazu, ihr Gemeinwesen nach dem Vorbild römischer Kolonien zu organisieren, und sie übernahmen das Lateinische als Verwaltungssprache. Dies leitete den Siegeszug der lateinischen Sprache und der römischen Bildung in den westlichen Provinzen des Römischen Reiches ein. Romanisierte Mitglieder der provinzialen Eliten mit römischem Bürgerrecht konnten jetzt in der kaiserlichen Verwaltung oder im Heer aufsteigen und wichtige Führungspositionen einnehmen. Es zeugt von der großen sozialen Flexibilität dieses Systems, daß schließlich auch die Kaiser aus den Provinzen kamen. Der erste ‹Provinziale› auf dem Thron war der Spanier Trajan (98–117 n. Chr.).

Im Osten sah die Situation anders aus. Die dortigen Poleis waren fest in ihren Traditionen verwurzelt, so daß von Anfang an nicht angestrebt wurde, die politische Organisation, das Recht und die Verkehrssprache zu verändern, zumal römische Politiker bereits früh die überlegene städtische Kultur der griechisch-hellenistischen Welt anerkannt hatten.

Individuelle Aufstiegsmöglichkeiten bot auch die Berufsarmee. Soldaten aus der Provinz, die in die Hilfstruppen des römischen Heeres (Auxiliarverbände) eintraten, wurden spätestens nach 25 Dienstjahren persönlich mit dem römischen Bürgerrecht ausgezeichnet. Bei seiner Entlassung erhielt der altgediente Soldat («Veteran») entweder ein Stück Land zugewiesen oder einen Geldbetrag, um eine zivile Existenz zu gründen. Zwar blieben viele Veteranen in ihrem Garnisonsgebiet, aus dem oft auch ihre Frauen stammten. Wer aber nach Hause zurückkehrte, war rechtlich und sozial privilegiert – und trug dazu bei, daß die römische Herrschaft in seiner Heimat akzeptiert wurde.

Die kontinuierliche Ausweitung des Kreises derer, denen die *civi-*

tas Romana verliehen wurde, fand ihren Abschluß im Jahre 212 n. Chr., als der Kaiser Caracalla mit der *Constitutio Antoniniana* das römische Bürgerrecht an nahezu alle freien Reichsbewohner gab, die es nicht schon besaßen.

24. Wer waren die ersten Christen? Die Bewegung, die sich auf den gekreuzigten Jesus von Nazareth zurückführte, an dessen Auferstehung glaubte und in ihm den im Alten Testament verheißenen «Messias» oder «Gesalbten» Gottes (griech. *Christós*) erkannte, begann als jüdische Sekte in Jerusalem und breitete sich über Missionare zunächst in den Städten der östlichen Mittelmeerküste wie Ephesus, Korinth und Thessalonike aus. In Antiocheia tauchte auch der Name «Christen» (Apostelgeschichte 11,26) als Fremdbezeichnung für die Anhänger Jesu auf, die sonst «Nazoräer» genannt wurden (Apostelgeschichte 24,5). Die endzeitlichen Prophetien wurden zuerst in Synagogen verkündet. Die universale Ausbreitung des neuen Glaubens setzte indes die Loslösung vom Judentum voraus. Paulus hat die «Heidenmission» zwar nicht begonnen, aber den Missionsauftrag Jesu konsequent auf seinen Reisen umgesetzt, wodurch Nichtjuden zum Glauben an den Auferstandenen geführt wurden. Dadurch wurde ein Prozeß eingeleitet, der schließlich zur Trennung von Synagoge und Kirche führte.

Das Christentum breitete sich zunächst in den Städten aus. Die Christianisierung ländlicher Regionen schritt sehr langsam voran und war in manchen Gebieten auch in der Spätantike noch nicht abgeschlossen. Die Zentren des frühen Christentums lagen in den östlichen Provinzen des Römischen Reiches. Die verstreuten Zeugnisse erlauben allerdings keine Rückschlüsse auf die Zahl der Christen.

Die Überlieferungslage gestattet zudem keine eindeutigen Aussagen über die soziale Schichtung der frühen Christengemeinden. Für die neutestamentliche Zeit bestätigt der Römerbrief (16,1–16), daß das Christentum nicht nur die Religion der Sklaven und Entrechteten war, wie gerade marxistische Wissenschaftler lange behauptet haben. Die Mehrheit der Gemeindemitglieder waren wohl relativ arme Angehörige der Unterschichten. Daneben gab es wohlhabendere Handwerker und Händler sowie Mitglieder des Dekurionenstands, d. h. der sozialen und politischen Elite der Städte.

Diese Sozialstruktur änderte sich auch in den nächsten Jahrhunderten nicht grundsätzlich. Bekehrungen von Personen aus dem Ritter- und dem Senatorenstand dürfte es gegeben haben, doch hat der Anteil der Christen gerade im *ordo senatorius* bis weit in das dritte Jahrhundert hinein nur sehr langsam zugenommen. In Rom bezeugen Grabinschriften aus dem letzten Drittel des zweiten und dem ersten Drittel des 3. Jh.s, daß neben Soldaten auch Sklaven und Freigelassene des kaiserlichen Haushaltes sowie Mitglieder des Ritterstandes Christen waren.

Die Geschichte des frühen Christentums ist besonders von Frauen geprägt. Frauen waren Zeuginnen der Kreuzigung, der Grablege und der Auferstehung Jesu, sie gehörten den ersten städtischen Gemeinden an und nahmen als «Mitarbeiterinnen» der Mission, als Diakoninnen und als Älteste bzw. Presbyterinnen Führungsfunktionen wahr. Alleinstehende Christinnen, die einem Haushalt vorstanden, trugen zur Verbreitung der Botschaft von dem Auferstandenen bei. Missionserfolge in den Oberschichten wurden häufig über Frauen erzielt. Im Verlaufe des zweiten und dritten Jahrhunderts wurde – parallel zur Ausbildung organisatorischer Strukturen und der Herausbildung des Bischofsamtes – die traditionelle, sowohl im jüdischen wie im paganen Milieu vorgegebene Unterordnung der Frau durchgesetzt. Jetzt mußten die Frauen in der Kirche schweigen (1. Brief des Paulus an die Korinther 14,34 f.) und sollten nicht mehr lehren (1. Brief des Paulus an Timotheus 2,12). Innerhalb der sich herausbildenden ‹Amtskirche› blieb den Frauen nur noch die Funktion der ‹Witwe›, die als Helferin im Gemeindedienst anerkannt war, und der Diakonin, die seelsorgerliche Aufgaben übernahm und sozial Schwache betreute.

25. Warum war das Zeremoniell am kaiserlichen Hof so wichtig? Der Hof entstand im frühen Prinzipat aus dem kaiserlichen Haushalt. Loyale Beamte, anfangs sogar Freigelassene, verwalteten die Finanzen des Kaisers, antworteten auf Anfragen und führten die Korrespondenz. Im Lauf der Jahrhunderte wuchsen die Aufgaben und damit das Personal. In noch höherem Maße als in aristokratischen Zirkeln war das Leben am kaiserlichen Hof festen Regeln unterworfen. Das Zeremoniell war ein probates Mittel kaiserlicher Selbstdarstellung und Herrschaftssicherung.

In der Spätantike wurde der Kaiser immer weiter überhöht.

Zeremonielle Handlungen verdeutlichten, daß auch der christliche Herrscher kein gewöhnlicher Sterblicher war. Innerhalb des Palastes war der Verkehr mit dem Kaiser strikt reglementiert. Um ihn herum herrschte Schweigen, seine Untergebenen folgten einem ‹Wink› des Herrschers. Von der Außenwelt war er getrennt durch zahllose Vorhänge (*vela*) und von störenden Einflüssen abgeschirmt durch «Ruhegebieter» (*silentiarii*). Auch bei seinen öffentlichen Auftritten wurde auf die peinliche Beachtung zahlreicher Vorschriften geachtet. So betrat er nicht den nackten Boden, sondern schritt über Purpur.

Das aufwendige Hofzeremoniell der Spätantike begründete auch die herausragende Stellung der politischen und militärischen Hofelite, die durch ihre Nähe zum Kaiser an dem zeremoniellen System teilhatte. Die *adoratio*, die huldigende Begrüßung, bei der die zum offiziellen Empfang Zugelassenen in fester Rangfolge vor dem Kaiser den Kniefall machten und einen Zipfel des kaiserlichen Purpurgewandes küßten, war nicht nur ein Zeichen der Entrücktheit des absoluten Herrschers, sondern auch eine soziale Demarkationslinie: Sie trennte diejenigen, denen es erlaubt war, sich in der Gegenwart des Kaisers aufzuhalten, von dem einfachen Volk, das den Herrscher nur aus der Ferne sehen durfte.

Die Vorliebe für prunkhafte Auftritte und theatralische Gesten ist indes ein Zeichen der spätantiken Gesellschaft überhaupt. Auserlesene Kleidung und teurer Schmuck gehörten ebenso zum traditionellen Erscheinungsbild standesbewußter Aristokraten wie festliche Mahle mit raffinierten Speisefolgen und öffentliche Auftritte in Begleitung von Sklaven und Eunuchen. Die spätantiken Bischöfe standen diesem Prunk heidnischer wie christlicher Senatoren in nichts nach.

26. Verstanden Christen unter Freundschaft etwas anderes als Heiden?

In Griechenland sowie in der römischen Republik und im Prinzipat war es völlig unstrittig, daß Freundschaften dazu dienten, neben verwandtschaftlichen Bindungen neue politisch und sozial wirksame Netzwerke aufzubauen. In der lateinischen Sprache bedeutet *amicitia* («Freundschaft») sowohl die horizontale Verbindung zwischen gleichrangigen Aristokraten als auch die vertikale Beziehung der adligen Patrone zu abhängigen Klienten.

Vertikal wie horizontal ausgerichtete Freundschaften bestanden auch in der Spätantike fort. *Amicitia* bezeichnet in christlichen wie nichtchristlichen Texten sowohl die Beziehung zwischen Klient und Patron als auch die Beziehung zwischen Personen gleichen oder annähernd gleichen Ranges. Nach wie vor begaben sich Schwache in den Schutz von Mächtigen, die vor allem wirtschaftliche und juristische Hilfe gewährten. Und auch der Austausch, den die Mitglieder der imperialen und provinzialen Eliten untereinander pflegten, orientierte sich am Ideal der *amicitia*. Doch die soziale Wirklichkeit der spätantiken Welt wurde in die Beschreibung des nicht sichtbaren Kosmos übertragen: Wie auf Erden, so gab es jetzt auch im Himmel ein differenziertes Patronagesystem. War im Diesseits der Kaiser der höchste und mächtigste *patronus,* so war es im Jenseits Jesus Christus. Wie unterhalb des Kaisers zahlreiche mächtige Aristokraten als Fürsprecher auftraten, so war es in der spiritualisierten Patronagebeziehung der Märtyrer bzw. der Heilige.

Zugleich dienten christliche Freundschaften unter gleichrangigen oder annähernd gleichrangigen Personen als Zweckbündnisse, die wechselseitige Unterstützung in religionspolitischen Auseinandersetzungen garantierten. Unabdingbare Voraussetzung dieser Beziehungen war die Übereinstimmung in der Interpretation der christlichen Lehre. Das Kriterium für die Wahl von Freunden war dabei das theologische Konstrukt der Orthodoxie: Wer keine rechtgläubigen Positionen vertrat, disqualifizierte sich als Freund. Er unterlag zwar theoretisch den Gesetzen christlicher Feindesliebe, aber in der kirchenpolitischen Praxis konnte diese schnell an ihre Grenze stoßen. «Freundschaft» signalisierte Solidarität in religiösen Streitigkeiten. Christliche Freundschaften der Spätantike waren wie die nichtchristlichen *amicitiae* der Kaiserzeit keineswegs zufällige Äußerungsformen individueller Sympathien und dienten mitnichten nur der Befriedigung privater Bedürfnisse. Die christliche Freundschaftstheorie der Spätantike spiegelte wie in klassischer, vorchristlicher Zeit eine auf die Gesellschaft bezogene Idee der Zusammengehörigkeit. Doch die Kriterien ebendieser Zusammengehörigkeit änderten sich durch den monotheistischen Ausschließlichkeitsanspruch der christlichen Botschaft; Gemeinschaft wurde jetzt durch das gleiche Bekenntnis gestiftet, d. h., sie beruhte auf dem Konsens über Orthodoxie und Häresie und damit auf religiöser Intoleranz, die auch vor abweichenden innerchristlichen Positionen nicht haltmachte.

Religion und Kultus

27. Was ist ein Mythos? Der Begriff Mythos kommt aus dem Griechischen und bedeutet «Wort», «Sage» oder «Erzählung». Eine unstrittige Definition von Mythos gibt es nicht. Meist wird unter Mythos eine anschauliche Erzählung aus alten Zeiten verstanden, die von allgemeiner Bedeutung ist und ursprünglich mündlich weitergegeben und erst später aufgeschrieben wurde. Der Mythos verdichtet in Erzählform Nachrichten über Götter und Heroen, über Ereignisse und Erlebnisse aus der Vorzeit zu einer religiösen Weltdeutung.

Mythen versuchen, ganz unterschiedliche Dinge zu erklären, die den Menschen rätselhaft sind: die Entstehung und Ordnung der Welt, den Ursprung von religiösen Festen und kultischen Handlungen sowie Erscheinungen in der Natur und am Himmel. Mythen können von Kultur zu Kultur wandern, neu bearbeitet und interpretiert, an handelnde Personen und bestimmte Gruppen angebunden sowie den Bedürfnissen und Erwartungen verschiedener Zeiten angepaßt werden. Deshalb existieren von den griechischen Mythen unterschiedliche Fassungen.

Oft schildern Mythen, wie Götter und Menschen in Konflikt gerieten. Homer hat im späten 8. Jh. v. Chr. in seinen großen Dichtungen, der «Ilias» und der «Odyssee», wichtige griechische Mythen als erster aufgeschrieben. Jeder Grieche kannte die Erzählungen vom Fall Trojas und von den Irrfahrten des Odysseus. Im Athen des 5. Jh.s v. Chr. dienten die Fortbildungen der Mythen in der Tragödie dazu, die weitreichenden Folgen der politischen Mobilisierung der Gesellschaft und der durch den Seebund gewonnenen Macht zu verarbeiten. Die Römer übernahmen viele Mythen von den Griechen und latinisierten den griechischen Götterhimmel. Aus Zeus wurde Juppiter, aus Hera Juno und aus Athena Minerva. Vergil (70–19 v. Chr.) verband in seinem Epos «Aeneis» das Schicksal des römischen Nationalhelden Aeneas mit der Handlung der «Ilias» und der «Odyssee» und sang in seinen Versen zugleich den Lobpreis des Kaisers Augustus.

Früh wurde aber auch Kritik an den Mythen geäußert. Ein Ausweg aus der schon Ende des 6. Jh.s v. Chr. einsetzenden philosophischen Dekonstruktion der Mythen war die allegorische Deutung, die zwischen dem Wortlaut und einem verborgenen «tieferen» Sinn unterschied und nach einem geschichtlichen oder moralischen Kern der Erzählung fragte. Auf diese Weise konnten die Mythen als Teil der ‹Frühgeschichte› von Städten und Völkern bewahrt werden. Euhemeros von Messene, der um die Wende vom 4. zum 3. Jh. v. Chr. lebte, machte aus den Göttern historische Personen und versuchte, ihre Taten mit Ereignissen in der Vergangenheit in Beziehung zu setzen. Eine solche rationalistische Mytheninterpretation wurde als «Euhemerismus» bezeichnet und erwies sich als wirkmächtig. Insbesondere die moralische Auslegung heidnischer Mythen mit Hilfe der Allegorese erlaubte es den Christen, die heidnischen Göttersagen aus der griechischen und lateinischen Literatur in das christliche Mittelalter zu übernehmen.

28. Wie wurde Hochzeit gefeiert? Das Hochzeitsfest wurde in den antiken Gesellschaften ganz unterschiedlich begangen. Einer Eheschließung lagen jedoch immer auch materielle Interessen zugrunde. Besitz sollte gesichert oder vermehrt, Allianzen zwischen Familien geschmiedet und politischer Einfluß vergrößert werden. Eine emotionale Bindung zwischen den Ehepartnern konnte daher in der Regel wohl erst im Laufe der Ehe entstehen. Hinterließ ein athenischer Bürger nur Töchter, so war eine von ihnen gezwungen, den nächsten männlichen Verwandten des Vaters zu heiraten und mit diesem erbberechtigte Söhne zu zeugen.

Im Athen der klassischen Zeit fiel die Heirat des etwa 30 Jahre alten Bräutigams mit seiner deutlich jüngeren Braut mit der Übergabe des Hofes vom Vater auf den Sohn zusammen. Das mündliche, vor Zeugen abgegebene Heiratsversprechen enthielt eine Regelung über die Mitgift. Am Vorabend der Hochzeit opferten die Verlobten den Schutzgottheiten der Ehe, Zeus und Hera. Die Braut trat in die Welt der Erwachsenen ein, indem sie persönliche Gegenstände wie eine Puppe oder eine Haarlocke der Göttin Artemis weihte, die über ihre Kindheit gewacht hatte. Braut und Bräutigam reinigten sich durch ein Bad. Am Hochzeitstag waren ihre Häuser mit Oliven- und Lorbeerzweigen geschmückt, und der Brautvater veranstaltete ein Festmahl, um seine Tochter aus der Hausgemeinschaft zu verabschieden. Am Abend wurde die Braut zum Haus des Bräutigams geleitet. Sie ging entweder zu Fuß oder saß auf einem Wagen. Die Brautmutter trug eine Fackel voran, und die Festgesellschaft sang auf dem Weg Hochzeitslieder. Im Haus des Bräutigams hießen die

Schwiegereltern die Braut willkommen. Sie bekam einen Teil des mit Sesam und Honig gebackenen Hochzeitskuchens und eine Quitte oder eine Dattel als Symbol der Fruchtbarkeit. Die Braut wurde in die Hausgemeinschaft des Bräutigams aufgenommen, indem sie den neuen Herd umschritt und mit Nüssen und getrockneten Feigen überschüttet wurde. Daraufhin begab sich das Brautpaar in das Hochzeitsgemach, das während der Nacht bewacht wurde, während die Gäste feierten. Erst mit dem Geschlechtsverkehr in der Hochzeitsnacht war die Heirat vollzogen. Am Morgen opferte das Brautpaar und erhielt von Verwandten und Freunden Geschenke.

Auch in Rom wurde die Hochzeit genau vorbereitet. Am Vorabend weihte die römische Braut ihre Spielsachen den Göttern, legte ihre Kinderkleider ab und zog eine lange, weiße Tunika an, die sie während der Nacht und auch am Hochzeitstag trug. Die Braut wurde kunstvoll frisiert und mit Schleier und Kranz geschmückt. Der Hochzeitstag begann im Hause der Braut mit Opfern für die Schutzgottheiten der Ehe. Bei der in aristokratischen Häusern gängigen Zeremonie mußten sich die Braut, die meist jünger als 20 Jahre war, und der etwa zehn Jahre ältere Bräutigam auf zwei Stühle setzen, die durch das Fell eines geopferten Schafes miteinander verbunden waren. In Gegenwart von zehn Zeugen, darunter der Juppiterpriester und der oberste Priester (*pontifex maximus*), wurde die Ehe feierlich geschlossen. Während des Gebetes mußte das Brautpaar um den Altar gehen. Anschließend folgte das Festmahl. Mit Einbruch der Nacht geleitete die Hochzeitsgesellschaft die Braut zum Haus des Bräutigams. Dort salbte die Braut den Türpfosten und umwand ihn mit Wollbinden. Sie wurde über die Schwelle getragen. Im Haus empfing sie der Bräutigam und führte sie in die neue Hausgemeinschaft ein. Dann wurde sie für die Hochzeitsnacht zum Brautbett geleitet. Am folgenden Tag wurde das Ehepaar beschenkt, ein neuerliches Opfer vollzogen und ein Festmahl veranstaltet.

29. Welche Feste begleiteten die Geburt eines Kindes? Kinder wurden in der Antike in der Regel zu Hause geboren. Anwesend waren erfahrene ältere Frauen aus der Verwandtschaft oder der Nachbarschaft und Hebammen, die der oft noch jungen Mutter bei dem Geburtsvorgang zur Seite standen, die Nabelschnur durchtrennten und das Neugeborene auf Mißbildungen untersuchten.

Mangelnde medizinische Kenntnisse und schlechte hygienische Verhältnisse machten die Geburt zu einem riskanten Vorgang, der Gesundheit und Leben von Mutter und Kind gefährdete. Deshalb waren in der gesamten Antike Schwangerschaft und Geburt von zahlreichen religiösen Praktiken und rituellen Handlungen begleitet, um unheilbringende Dämonen abzuwehren. Lärm und Licht sollten die bösen Geister fernhalten, Amulette Hilfe gewähren, Zwiebel und Knoblauch Schaden abwenden.

Da nach antiker Vorstellung Frau und Säugling durch den Geburtsvorgang unrein geworden waren, wurde das Haus durch Reinigungsriten von der Befleckung gesäubert. Die Mutter erlangte erst nach vierzig Tagen ihre kultische Reinheit wieder. Schutz versprach man sich auch von den Geburtsgöttinnen, denen man regelmäßig Opfer darbrachte. Nach der Geburt eines Kindes bestrich man in Griechenland die Haustür mit Pech; war der Säugling ein Junge, brachte man zusätzlich einen Kranz aus Ölzweigen an, bei der Geburt eines Mädchens eine Wollbinde. So wurden bereits unmittelbar nach der Geburt die geschlechtsspezifischen Rollen festgeschrieben.

Die Aufnahme eines neugeborenen gesunden Kindes in das Haus war die Entscheidung des Hausvaters. Er konnte in wirtschaftlichen oder persönlichen Krisen das Kind auch aussetzen lassen. Blieb das Kind in der Familie, wurden in Athen am fünften Tag nach der Geburt die Amphidromien (wörtl.: «Umläufe») gefeiert, bei denen das Kind um das Herdfeuer, den Mittelpunkt des ganzen Hauses, getragen wurde. Fünf Tage später, am zehnten Tag nach der Geburt, erhielt das Kind bei einem Fest mit Gebet und Opfer seinen Namen. Dem ersten Sohn gab man häufig den Namen des Großvaters väterlicherseits.

In Rom wurde der erste Namenstag bei Mädchen am achten Tag, bei Jungen am neunten Tag nach der Geburt gefeiert. Die Neugeborenen wurden dem Schutz der Götter anvertraut, Opfer wurden dargebracht, und die Familie veranstaltete ein Festmahl für Verwandte und Freunde. Dem Säugling wurde bei diesem Fest die *bulla* umgehängt, eine runde oder herzförmige Kapsel, die jedes römische Kind an einer Kette um den Hals trug. Waren die Eltern wohlhabend, konnten sie ihren Sprößlingen eine *bulla* aus Gold schenken. Kinder aus ärmeren Familien hatten *bullae* aus billigem Metall oder aus Leder. In der *bulla* war ein Amulett, das vor Krankheit, Zauberei und Unglück schützen sollte. Die *bulla* trug man, bis man volljährig wurde (in der Regel zwischen dem 14. und 17. Lebensjahr); dann wurde sie feierlich abgelegt und im Hausaltar, dem Lararium, aufgehängt, wo schon die *bullae* der Vorfahren und der älteren Geschwister aufbewahrt wurden.

30. Wie wurden die Toten bestattet? In den antiken Gesellschaften war der Tod eines jeden Menschen von bestimmten Ritualen begleitet, die je nach den Jenseitsvorstellungen der Gemeinschaft und dem sozialen Stand des Verstorbenen variierten. In Athen und Rom wurde der Tote gewaschen, gesalbt und gekleidet. Der Leichnam wurde im Haus auf dem Totenbett aufgebahrt. Verwandte, Freunde und Nachbarn versammelten sich, um dem Verstorbenen die letzte Ehre zu erweisen. Sie stimmten die Totenklage an und nahmen Abschied. Der häufig mehrtägigen Aufbahrung folgte der Leichenzug zum Grab, bei dem es große Unterschiede in Form und Aufwand gab. Adlige Geschlechter stellten bei dieser Gelegenheit nochmals das Ansehen und die Bedeutung ihres verstorbenen Mitgliedes dar. In Rom zeigten die senatorischen Familien bei den Leichenprozessionen die Porträts ihrer berühmten Ahnen, und der ganze Zug machte auf dem Forum halt, wo ein Verwandter eine Lobrede (*laudatio funebris*) auf den Verstorbenen und seine Vorfahren hielt.

Der Leichnam wurde vor den Toren der Stadt entweder auf einem Scheiterhaufen verbrannt oder beerdigt. Die Überreste sammelten

Abb. 3: Darstellung auf einem attischen Grabkrater aus der Mitte des 8. Jh. s v. Chr.: Aufbahrung des Toten

die Angehörigen in einer Urne, die in einem Grab beigesetzt wurde. Ein gemeinsames Totenmahl beendete die Zeit der Trauer. Jährlich wiederkehrende Gedenkzeremonien erinnerten an den Verstorbenen. Vornehme Familien veranstalteten zudem prächtige Leichenspiele; in Rom kämpften bei diesen Festlichkeiten sogar Gladiatoren gegeneinander. Die Bestattung konnte folglich auch eine Demonstration der Macht und des Reichtums des Toten und seiner Familie sein. Es ist deshalb immer wieder versucht worden, durch Gesetze den Bestattungsluxus und die Zahl der ‹Trauergäste› zu begrenzen.

Die Gräber waren für die antiken Gesellschaften wichtige Orte der Identitätsbildung. Trank- und Blumenspenden, gemeinsame Bankette und regelmäßiger Grabschmuck dienten der Erinnerung an die Toten und stärkten den Zusammenhalt der Lebenden.

31. Was ist das Orakel von Delphi? Das Orakel von Delphi gehört neben Olympia, Isthmia (Korinth) und Nemea zu den gesamtgriechischen, den sogenannten panhellenischen Heiligtümern. Seine Anfänge reichen in das 9. Jh. v. Chr. zurück. Es ist das bekannteste und bedeutendste Orakel der griechischen Welt. Orakel wurden aufgesucht, um von der Gottheit, die am Ort des Orakels als anwesend gedacht wurde, zu bestimmten Zeiten und nach einem eindeutig festgelegten Ritus Aussagen über die Zukunft und Hilfe bei konkreten Problemen zu erhalten. Vor allem bei wichtigen Entscheidungen suchte man die Hilfe eines Orakels. Nicht nur Einzelpersonen wandten sich an die Gottheit, sondern auch Städte schickten Gesandte, wenn sie z. B. eine Kolonie gründen oder eine neue Verfassung legitimiert sehen wollten.

Das Orakel von Delphi war dem Gott Apollon Pythios geweiht. Sein Name weist auf den alten, bei Homer bezeugten Namen von Delphi als Python. Erst in späterer Zeit bezog man den Namen auf den gleichnamigen Drachen, den Apollon getötet haben soll, um die Stätte in Besitz zu nehmen. Von «Python» leitete sich auch der Name der prophetischen Seherin, der «Pythia», her, die die Weissagungen des Gottes verkündete. Die Pythia war eine einfache Frau, die lebenslang Apollon diente und aus Gründen der kultischen Reinheit keusch leben mußte. Sie vermittelte als Medium den Ratsuchenden die Antworten des Gottes; nur in den drei Wintermonaten schwieg sie, da man glaubte, Apollon halte sich zu dieser Zeit nicht in Delphi auf.

Wer um eine Weissagung bat, mußte zunächst klären, ob der Gott überhaupt geneigt war, Hilfe zu gewähren. Zu diesem Zweck prüfte man, ob eine für das Opfer ausgewählte Ziege zitterte, sobald man sie mit Wasser besprengte. Waren die Vorzeichen günstig, hatte der Ratsuchende sich zu reinigen, ein Opfer zu vollziehen und den Priestern eine Gebühr zu entrichten. Dann legte er seine Frage der Pythia vor, die im Allerheiligsten des Apollontempels auf einem Dreifuß saß. Ihr Platz wurde als der Ort verehrt, den Zeus als den Mittelpunkt der Welt (*omphalos* = «Nabel») festgelegt haben soll. Zuvor hatte die Pythia sich in einer nahegelegenen Quelle gereinigt, geweihtes Wasser getrunken und Lorbeerblätter vom heiligen Baum des Apollon gekaut. Es gibt die Theorie, daß sie in Trance verfiel, weil sie Gase, die aus einer Erdspalte im Tempel entwichen, einatmete. Offenbar gab die Seherin meist durchaus verständliche Antworten auf klar formulierte Fragen. Strittig ist, ob sie direkt mit den Besuchern sprach oder durch die Vermittlung von Priestern, die ihre Antworten in Verse faßten.

Hatte das Orakel Hilfe gewährt, so bedankte man sich bei Apollon mit prächtigen Weihegeschenken, die entlang der Heiligen Straße, die zum mächtigen Apollontempel hinaufführte, aufgestellt wurden. Sie waren der allen Besuchern sichtbare Ausdruck für die Bedeutung und die Zuverlässlichkeit des Orakels: So verewigten die verbündeten griechischen Poleis mit vielen Denkmälern ihren Sieg über die Perser bei Salamis und Plataiai (480/79 v. Chr.). Als damals Athen von dem Perserkönig Xerxes bedroht wurde, wandten sich die Athener an das delphische Orakel, das ihnen prophezeite, eine «hölzerne Mauer» werde ihnen helfen. Lange diskutierten die athenischen Bürger, was damit gemeint sei. Schließlich setzte sich Themistokles durch, der das Orakel als göttlichen Wink verstand, Schiffe zu bauen. Mit ihren Schiffen schlugen die Athener die persische Flotte vernichtend bei Salamis.

32. Wie verliefen die Olympischen Spiele der Antike? Die Olympischen Spiele waren die bedeutendsten panhellenischen Wettspiele der Antike. Festgott war Zeus, der höchste Gott der Griechen. Im zweiten Viertel des 5. Jh.s v. Chr. wurde ihm ein großer Tempel errichtet, für den der Bildhauer Pheidias eine riesige Zeusstatue schuf, die zu den sieben Weltwundern der Antike zählte. Die Historizität der olympischen Gründungsgeschichte und des bereits antik

überlieferten Gründungsdatums 776 v. Chr. ist kontrovers; die Sie-
gerlisten, die mit diesem Jahr einsetzen, sind erst Jahrhunderte
später zusammengeschrieben worden. Grabungen legen die Vermutung nahe, daß nicht vor dem 7. Jh. v. Chr. größere Besucher-
ströme nach Olympia kamen. Die mit dem heidnischen Kult eng
verbundenen Spiele wurden in der ersten Hälfte des 5. Jh.s n. Chr.
durch Kaiser Theodosius II. verboten; doch offenbar traf man sich
noch bis in das 6. Jh. n. Chr. hinein zu Veranstaltungen.

Ursprünglich eine Orakelstätte, wurde Olympia spätestens seit
dem 6. Jh. v. Chr. zum Austragungsort von Wettkämpfen, die Athleten, Zuschauer und Gesandtschaften aus der Peloponnes und bald
aus der ganzen griechischen Welt anzogen. Während des Festes, das
zunächst nur einen Tag, dann drei und im 5. Jh. v. Chr. schließlich
fünf Tage dauerte, wurde ein Programm absolviert, das aus den
Pferde- und Wagenrennen im Hippodrom und den Wettkämpfen
im Stadion bestand. Zu letzteren zählten verschiedene Laufdiszipli-
nen, das Ringen, der Faustkampf, das Pankration («Allkampf») und
das Pentathlon («Fünfkampf»), das Diskuswerfen, Weitspringen,
Speerwerfen, Stadionlauf und Ringen umfaßte.

Die Spiele wurden im vierjährigen Turnus zur Zeit des ersten
Vollmonds nach der Sommersonnenwende mit einem Opfer vor
dem Standbild des Zeus eröffnet. Schon einen Monat zuvor waren
die Wettkämpfer eingetroffen, um das Training aufzunehmen.
Kampfrichter teilten die Athleten (und die Pferde) in Altersklassen
ein und losten die Paare aus, die gegeneinander anzutreten hatten.
Sie schworen zusammen mit den Sportlern, daß sie griechischer
Abstammung seien und sich streng an die Regeln halten würden.
Verstöße wurden je nach Schwere mit Rutenschlägen oder Geld-
strafen geahndet.

Es war der griechischen Gesellschaft eigentümlich, daß der Sieg
im sportlichen Wettkampf eines gesamtgriechischen Heiligtums,
aber besonders der Sieg in Olympia auf einzigartige Weise in politischen Einfluß und gesellschaftliches Ansehen umgesetzt werden
konnte. Dichter wie Pindar (ca. 522–446 v. Chr.) sangen auf den
siegreichen Athleten Oden, ihm wurden Statuen errichtet, er konnte
politischen Einfluß in seiner Heimatstadt erlangen und sogar kul-
tisch verehrt werden, wie das Beispiel des Faustkämpfers Theagenes
von der Insel Thasos zeigt, der im 5. Jh. v. Chr. mehr als 1300 Siege
errungen haben soll.

Anfangs waren nur freie männliche Griechen zu den Spielen zugelassen, später konnten auch Makedonen und Römer teilnehmen. Verheiratete Frauen, Nichtgriechen und Unfreie durften den heiligen Bezirk nicht betreten. Unverheiratete Frauen waren von diesem Verbot ausgenommen. Für sie gab es außerdem einen zu Ehren der Göttin Hera veranstalteten Laufwettbewerb, der alle vier Jahre zwischen den Olympischen Spielen in drei Altersklassen ausgetragen wurde.

Auch in den anderen panhellenischen Kultstätten Delphi, Korinth und Nemea wurden Sportfeste abgehalten. In dieser Zeit herrschte auf dem Gebiet des Stadtstaates, dem das Heiligtum zugerechnet wurde, ein striktes Verbot von Kampfhandlungen, damit die an- und abreisenden Sportler und Delegationen nicht gefährdet wurden.

33. Was wissen wir über die Religion der Perser? Seit dem Ende des 6. Jh.s v. Chr. kontrollierte die persische Dynastie der Achaimeniden einen riesigen Vielvölkerstaat von der kleinasiatischen und syrischen Küste über Armenien und das iranische Hochland nordwärts bis zum Oxus (Amudarja) und ostwärts bis zum Indus. Der «König der Könige» genannte Herrscher stabilisierte sein Weltreich durch das Zugeständnis lokaler Autonomie, eine vorzügliche Infrastruktur und effiziente Administration sowie durch die wirtschaftliche, soziale und kulturelle Integration regionaler Eliten.

Die Achaimeniden verehrten als höchsten Gott Ahura Mazdā («der weise Herr»), den die Griechen mit Zeus und die Römer mit Juppiter gleichsetzten. Dareios I. (522/21–486 v. Chr.) ließ die Geschichte seines Triumphes über seine Widersacher in den Felsen Berges Bīsutūn (an der Straße von Babylon nach Ekbatana) in Wort und Bild verewigen. Über dem siegreichen König thront Ahura Mazdā, von dem der Herrscher bekannte: «Nach seinem Willen wurde ich König, er verlieh mir das Königtum.» Ahura Mazdā galt als der Schöpfer von Himmel und Erde. Die Achaimeniden übernahmen von den Medern das Priesteramt des Magus. Die medischen Magi hatten die Welt in gut und böse, rein und unrein aufgeteilt. Zum Unreinen wurde auch der menschliche Leichnam gezählt, der nicht wie in Griechenland oder im Römischen Reich verbrannt oder vergraben wurde, da dies die reinen Elemente Erde und Feuer befleckt hätte. Deshalb wurde der tote Körper an bestimmten Orten, den «Begräbnistürmen», ausgesetzt, wo er von unreinen Tieren aufgefressen wurde.

Das ostiranische Milieu hingegen war geprägt von den Lehren des Zarathustra, der ursprünglich wohl im Gebiet des heutigen Nordwestafghanistan wirkte. Über seine Person und seine Lehren ist wenig Sicheres bekannt. Den einen gilt er als priesterlicher Reformer, den anderen als prophetischer Verkünder einer neuen Religion. Manche datieren ihn in das 10. Jh. v. Chr., andere in das 6./5. Jh. v. Chr. Einige Forscher sehen in ihm überhaupt keine historische Figur. Ein vertracktes Problem ist die Quellenlage. Die heilige Schrift der von Zarathustra gestifteten Religion, die sogenannte Avesta, stammte erst aus der Zeit der Sāsāniden (226–651 n. Chr.), als seine Lehre zur Staatsreligion erhoben wurde. In der Avesta findet sich eine zweigeteilte (‹dualistische›) Weltsicht, in der ein Gott des Guten (Ahura Mazdā) dem Gott des Bösen, das Licht der Finsternis, die Wahrheit der Lüge gegenübergestellt ist. Ahura Mazdā wurde als höchste Gottheit verehrt. Die Griechen wiederum, die Zarathustra als Zoroaster bezeichneten, kannten ihn erst seit dem 5. Jh. v. Chr. Es bleibt daher strittig, ob (und wann) die Achaimeniden die Botschaft Zarathustras vernahmen.

Auf den die Welt in Gut und Böse scheidenden Gott bezog sich Friedrich Nietzsche in seiner berühmten Schrift «Also sprach Zarathustra» (1883–1885), in der der Philosoph die Existenz eines Gottes leugnete und die traditionellen Wertvorstellungen des Abendlandes einer radikalen Kritik unterzog.

34. Welche Bedeutung hatten Vorzeichen? Was in der Natur geschah, war für die Römer ein Werk der Götter. So sagten sie: «Juppiter läßt regnen.» Auch in das Leben der Menschen griffen nach römischer Vorstellung die Götter ein. Die Römer glaubten, daß man ihren Willen durch bestimmte Vorzeichen (*prodigia*; Sg. *prodigium*) erkunden könne. Besondere Bedeutung wurde göttlichen Zeichen zugemessen, die in der Natur zu beobachten waren. Zeigten sich unheilverheißende Zeichen am Himmel oder auf der Erde, versuchten die Römer durch bestimmte Handlungen und Mittel, den Zorn der Götter zu besänftigen. Ziel war es, in Frieden mit den Göttern zu leben; nur so war das Wohl des Staates gesichert.

Für die Deutung göttlicher Zeichen gab es in Rom die Auguren. Diese Priester stammten aus vornehmen römischen Familien und interpretierten für die römischen Beamten verschiedene Vorzeichen, sogenannte Auspizien. Ihre Aufmerksamkeit galt Blitz und Donner: Blitze, die links aus heiterem Himmel kamen, galten als günstiges Omen. Aber Blitze und Donner während einer Volksversammlung wurden als ungünstiges Vorzeichen angesehen; die Versammlung mußte abgebrochen und verschoben werden. Häufig prüften die Auguren auch den Vogelflug: Mit ihrem Augurenstab (*lituus*) legten sie am Himmel ein viereckiges und klar abgegrenztes Beobachtungsfeld (*templum*) fest; von der Mitte dieses Bezirkes ausgehend untersuchten sie den Flug und das Schreien einzelner Vögel, das als Vorzeichen verstanden wurde. Darüber hinaus beobachteten die Auguren den Appetit der heiligen Hühner. Wenn sie so gierig fraßen, daß sie Körner aus dem Schnabel fallen ließen, galt dies als ein günstiges Omen.

Als der Konsul von 249 v. Chr von einem Volkstribunen daran gehindert wurde, in den Krieg gegen die Karthager zu ziehen, ließ er die heiligen Hühner herbeiholen. Als sie die hingeworfenen Körner nicht fraßen, machte sich der Konsul über das Vorzeichen lustig und sagte: *vel bibant* («dann sollen sie wenigstens saufen») und warf die Hühner in den Tiber. Er verlor daraufhin die Seeschlacht gegen die Karthager.

Die etruskischen Seher (*haruspices*; Sg. *haruspex*) gaben ebenfalls für den römischen Senat Gutachten über einzelne Vorzeichen ab und empfahlen Mittel zur Entsühnung. Auch sie deuteten Blitze, aber ihre Hauptaufgabe war die Weissagung (*divinatio*) aus den Eingeweiden von Tieren, die zur Befragung der Götter geopfert wurden (*disciplina Etrusca*). Besonders wichtig war die Untersuchung der Leber des Opfertieres. Aus der Beschaffenheit dieses Organs glaubten die Seher Schlüsse auf zukünftige Ereignisse ziehen zu können.

In wirklichen Notlagen des Staates wurden die Sibyllinischen Bücher befragt, die in der römischen Republik im Juppitertempel auf dem Kapitol aufbewahrt wurden. Es handelte sich dabei um eine Sammlung von Prophezeiungen, die nach römischer Überlieferung die Sibylle von Cumae dem König Tarquinius Priscus verkauft haben soll.

Anders als etwa im alten Israel blieb in Rom die Zukunftsschau immer unter der Kontrolle des Staates. Vorzeichen, die sich spontan, ohne vorherige Befragung, einstellten, waren nur dann von

Bedeutung, wenn sie von Amtsträgern, Senat und Priestern als solche anerkannt wurden.

35. Wer waren die Vestalinnen?
Der Dienst im Heiligtum der römischen Göttin Vesta wurde von sechs Frauen verrichtet, die aus angesehenen Familien stammten und schon im Alter von sechs bis zehn Jahren von dem Oberpriester (*pontifex maximus*) für diese Aufgabe ausgewählt wurden. Sie hießen Vestalinnen.

Das Mädchen, das Vestalin werden sollte, unterstand nicht mehr der Aufsicht des Vaters; seine Rechte und Pflichten wurden vom Oberpriester wahrgenommen. Auf dreißig Jahre mußte sich das Mädchen verpflichten, der Göttin Vesta und damit dem öffentlichen Wohl zu dienen. Dem Mädchen wurden die Haare abgeschnitten, und es mußte versprechen, Jungfrau zu bleiben. Nach Ablauf der dreißig Jahre durfte die Frau wieder in ihre Familie zurückkehren.

Die wichtigste Aufgabe einer Vestalin war, darauf zu achten, daß das ewige Feuer im Tempel nicht erlosch. Wenn es dennoch ausging, wurde sie hart bestraft: Der Oberpriester peitschte sie aus. Nur einmal im Jahr, am 1. März, löschte man das Feuer; an diesem Tag war in der römischen Frühzeit der Jahresanfang begangen und die Flamme wieder angezündet worden.

Die Vestalinnen besprengten den Tempel täglich mit geweihtem Wasser, schmückten das Haus der Göttin mit Lorbeer, stellten gesalzenes Schrotmehl her, mit dem das Opferfleisch bestreut wurde, und mischten ein besonderes Mittel aus Pferdeblut, Kälberasche und Bohnenstroh, das man für Reinigungszeremonien verwendete.

Die Vestalinnen hatten viele Sonderrechte, die einzigartig für römische Frauen waren: Sie hatten bei Schauspielen Ehrenplätze, konnten selbständig über das Vermögen, das sie geerbt hatten, verfügen und bekamen, wenn sie gestorben waren, ein Grab innerhalb der Stadt.

Dafür lebten die Vestalinnen in strenger Abgeschiedenheit gemeinsam in einem Haus in unmittelbarer Nähe des Tempels auf dem Forum Romanum. Verletzte eine Vestalin das Gebot, keusch zu leben, wurde sie mit dem Tod bestraft. Da ihr Blut nicht vergossen werden durfte, begrub man sie lebendig in einem unterirdischen Verlies auf dem Quirinal bei dem collinischen Tor. Der Ort hieß «Feld der Schande» (*campus sceleratus*).

36. Wie wurde der tote Kaiser in Rom geehrt? Die Unsicherheit, die durch den Tod eines Monarchen entstand, suchte man in der Antike mit besonderen Ritualen zu kompensieren. Die Bestattung des verstorbenen römischen Herschers war ein zentraler Bestandteil des römischen Kaiserkultes. Seine Anfänge liegen in den letzten Jahren der römischen Republik. Nach Caesars Ermordung im Jahre 44 v. Chr. verstand es sein Adoptivsohn, der spätere Kaiser Augustus, die Vergöttlichung des berühmten Toten durchzusetzen. Caesar wurde zum *divus,* sein Sohn zum *divi filius,* zum Sohn des Vergöttlichten. Damals ist unter Rückgriff auf hellenistische Vorbilder die Apotheose (wörtlich: «Unter-die-Götter-versetzen») der Herrscher in Rom etabliert worden. Die Aufnahme des toten Kaisers unter die Staatsgötter, genauer: unter die neu geschaffene Klasse der *divi,* wurde in der Folgezeit grundsätzlich nur dem toten Kaiser zuteil und setzte einen Senatsbeschluß voraus. Das schloß keineswegs aus, daß ein römischer Kaiser bereits zu Lebzeiten als Gott verehrt werden konnte.

Von den Begräbnisfeierlichkeiten des Augustus im Jahre 14 n. Chr. bis zum Beginn des 2. Jh.s n. Chr. bildete sich für die Apotheose des römischen Kaisers, die im Lateinischen *consecratio* genannt wurde, ein mehr oder weniger festes Ritual heraus. Die Konsekration war nicht nur ein religiöser, sondern zugleich ein politischer Akt von eminenter Bedeutung, denn sie kanonisierte die Herrschaft des vergöttlichten Kaisers und legitimierte den Herrschaftsanspruch seines Nachfolgers.

Es war Brauch, den toten Kaiser in feierlichem Zug zum Marsfeld zu geleiten und dort auf einem hohen Scheiterhaufen (*rogus*) zu verbrennen. Die Auffahrt der neuen Gottheit in den Himmel wurde durch den Flug eines Adlers symbolisiert, und es fanden sich seit der Leichenfeier des Augustus Zeugen, die gegen ein erkleckliches Handgeld bestätigten, die Himmelfahrt des Kaisers mit eigenen Augen gesehen zu haben. Bei Kaiserinnen konnte die Rolle des Adlers, der als Bote und Helfer des Juppiters galt, der Pfau, das Tier der Juno, übernehmen. Dem neuen *divus* wurden Altäre errichtet, Opfer dargebracht und spezielle Priester, die *flamines,* zugeordnet.

37. Warum kam es zum Krieg zwischen Juden und Römern? In den ersten beiden Jahrhunderten der christlichen Zeitrechnung gärte es in den jüdischen Gemeinden. Das Gebiet des heutigen Israel wurde von heftigen Aufständen erschüttert, die die römischen Besatzer blutig niederschlugen. Die jüdische Erhebung des Jahres 66 endete vier Jahre später mit der Zerstörung des Zweiten Tempels in Jerusalem. Seit dem Jahr 70 unterlagen alle Juden einer Sondersteuer, die an den römischen Fiskus entrichtet werden mußte. 73/74 fiel die Bergfestung Masada am Toten Meer, die von den Juden der Antike bis zu den Israelis der Gegenwart als Ort jüdischen Heldentums betrachtet wird.

Trotz der massiven römischen Repressionen kehrte in Judäa keine Ruhe ein. Zwischen 115 und 117 n. Chr. brachen in den jüdischen Gemeinden im Osten des Römischen Reiches schwere Aufstände aus. Zum letzten Mal ergriffen die Juden unter ihrem Führer Bar-Kochba, dem «Sternensohn», die Waffen und boten dem römischen Kaiser von 132 bis 135 die Stirn. Der Niederlage in dem aussichtslosen Kampf folgte die harte Bestrafung durch die Sieger. Jerusalem wurde in eine römische Kolonie verwandelt und den Juden der Zutritt verboten. Aus Judäa wurde jetzt Palästina, das «Land der Philister». Die Juden waren zu Fremden in der eigenen Heimat geworden.

Die Geschichte dieser Auseinandersetzungen beschäftigt die Forschung seit langem. Vielfältige politische, soziale und ökonomische Gründe sind angeführt worden, die die gewalttätige Eskalation erklären sollen. Einige sehen die Ursache in dem unterschiedlichen Religionsverständnis von Juden und Römern. Doch die Geschichte der jüdisch-römischen Beziehungen entzieht sich solchen einfachen Deutungsmustern. Es gab immer wieder Gruppen, die trotz ihrer Bindung an das jüdische Gesetz (*Thora*) eine Zusammenarbeit mit den Fremdmächten religiös zu legitimieren versuchten. So sahen jüdische Priester bereits zur Zeit der Dynastie der Hasmonäer im 2. Jh. v. Chr., daß eine Anpassung an die hellenisierte Umwelt zum politischen Überleben notwendig war. Traditionalistische Kreise, die sich auf die Buchstaben des jüdischen Gesetzes beriefen, opponierten jedoch. Schon seit Beginn der römischen Verwaltung Judäas 6 n. Chr. wehrten sich Teile der jüdischen Bevölkerung erbittert gegen die Fremdherrschaft. Demonstrationen der Macht und Übergriffe der römischen Statthalter stießen auch integrationswillige Juden vor den Kopf und nährten Hoffnungen auf die Ankunft eines Erlösers («Messias»). Ein ständiger Streitpunkt waren das jüdische Reinheitsgebot und das Bilderverbot, das sich mit dem römischen Kaiserkult nicht vertrug. Heftig widersetzten sich so die Juden dem Versuch des Kaisers Caligula (37–41 n. Chr.), sich in Jerusalem als Gott verehren zu lassen. Am Beginn des jüdisch-römischen Krieges von 66 bis 70 n. Chr. stand die Weigerung der Priesterschaft, im Jerusalemer Tempelbezirk weiterhin Opfer für Rom und den Kaiser zuzulassen. Den Aufstand des Bar-Kochba löste möglicherweise der von Kaiser Hadrian 130 n. Chr. geplante Wiederaufbau Jerusalems als römische Stadt Aelia Capitolina aus. Ob ein generelles Beschneidungsverbot Hadrians ein weiterer Anlaß war, ist zweifelhaft.

Der jüdische Monotheismus und bestimmte kultische Handlungen wie die Beschneidung der Männer und die Sabbatruhe stießen in der römischen Umwelt auf Unverständnis. Als Minderheit wurden sie ausgegrenzt und bisweilen sogar aus Städten vertrieben. Zahlreiche Vorurteile waren in Umlauf. Die Juden galten als faul, schmutzig, verderbt, häßlich und starrsinnig. Viele Römer, darunter auch der Historiker Tacitus (ca. 56–120 n. Chr.), warfen ihnen vor, die Götter, das Vaterland und die Familie, also die höchsten Werte Roms, zu verachten. Aber wegen seines hohen Alters genoß das jüdische Volk auch ein gewisses Ansehen und wurde vom römischen Gesetzgeber nicht nur geduldet, sondern auch mit bestimmten Rechten ausgestattet. So erlaubten die Römer den jüdischen Gemeinden – auch noch nach den Aufständen in Judäa – die Ausübung ihres Kultes in nichtjüdischer Umgebung, der sogenannten Diaspora (wörtl.: «Zerstreuung»).

38. Welche Faktoren begünstigten den Aufstieg des Christentums? Trotz verschiedener Verfolgungen stieg die Zahl der Christen in den ersten drei Jahrhunderten stetig. Die Ausbreitung des Christentums war keiner geplanten Strategie zu verdanken, wurde aber durch verschiedene Umstände begünstigt: Erstens bot das Imperium Romanum ausgezeichnete Voraussetzungen. Keine Grenzen unterbanden die Kommunikation und den Austausch der Menschen untereinander. Die römische Ordnungsmacht sorgte für innere und äußere Stabilität (*pax Romana*) sowie für Rechtssicherheit. Ein hervorragend ausgebautes Straßennetz erschloß das gesamte Reich. Förderlich war zudem die prinzipielle Toleranz, die römische Behörden gegenüber fremden Religionen an den Tag legten; eingefordert wurde nur Loyalität gegenüber dem Kult der römischen Staatsgötter und dem Kaiserkult. Die christliche Botschaft konnte sich folglich über lange Zeiträume hinweg frei von jeder staatlichen Repression verbreiten.

Zweitens benutzten die Christen zur Mission nicht die regional begrenzte Sprache ihres Religionsstifters, der Aramäisch gesprochen hatte, sondern eine Weltsprache, nämlich das nachklassische, *koiné* genannte griechisch. Auch in den Kirchen des Westens wurde zunächst griechisch gesprochen und geschrieben.

Drittens integrierten sich die Christen erfolgreich in die Strukturen der jüdischen Diaspora. Sie übernahmen die seit dem Beginn des 3. Jh.s v. Chr. angefertigten griechischen Übersetzungen der jüdischen Offenbarungsschriften («Septuaginta») als «Altes Testament».

Darüber hinaus erwies es sich viertens als Vorteil, daß die christliche Glaubenstradition in verschiedenen Schriften (Evangelien, Briefe, Apokalypsen, Apologien, Predigten etc.) fixiert und allmählich eine eigene Überlieferung, die auf dem Alten und dem Neuen Testament beruhte, begründet wurde.

Fünftens profitierte das Christentum von der Akzeptanz, die weite Bevölkerungskreise den orientalischen Mysterienreligionen entgegenbrachten. Bestimmte Vorstellungen wie die Epiphanie («Erscheinung» oder «Menschwerdung») des erlösenden Gottes, die Aussicht auf ein Weiterleben nach dem Tode oder die Gegenwart Gottes bei einem Kultmahl waren geläufig.

Entscheidend für den Erfolg des Christentums war sechstens die Herausbildung fester Strukturen und Organisationen der Gemeinden, nachdem die Hoffnung auf die baldige Wiederkehr Jesu Christi (griech. *parousía*) aufgegeben werden mußte. In den ersten drei Jahrhunderten entstand eine Vielzahl von Gemeindeordnungen, in denen die Leitungsfunktionen (Bischöfe, Presbyter, Diakone) differenziert wurden und die zwischen dem (von der Gemeinde berufenen) Klerus und den Laien unterschieden. Gleichzeitig wurde in einem komplexen Prozeß der innerkirchlichen Diskussion und in steter Auseinandersetzung mit der antiken Philosophie erfolgreich um zentrale theologische Aussagen der christlichen Botschaft gerungen.

Siebtens zogen das intensive Zusammengehörigkeitsgefühl, das sich im Gottesdienst der Gemeinde manifestierte, und das karitative Engagement der Christen besonders die ‹Outcasts› der römischen

Gesellschaft an. Die christliche Nächstenliebe zeigte nicht zuletzt deshalb Wirkung, weil sie die schlimmen Folgen sozialer Verwerfungen mildern konnte.

Achtens schließlich beeindruckte das Zeugnis (griech. *martýrion*) charismatisch begabter Märtyrer und Missionare viele Zeitgenossen. Zu der in Martyrien bewiesenen Überzeugungstreue einzelner trat die spezifische Frömmigkeit der christlichen Gemeindemitglieder, die sich im Gebet, der Bibellektüre, der Heiligenverehrung, aber auch im Fasten, in der sexuellen Enthaltsamkeit und in der Almosengabe zeigte und die auch Nichtchristen wahrnahmen.

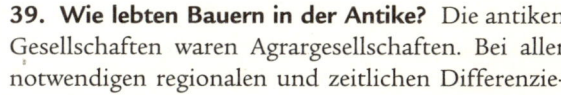

Wirtschaft, Technik und Militär

39. Wie lebten Bauern in der Antike? Die antiken Gesellschaften waren Agrargesellschaften. Bei aller notwendigen regionalen und zeitlichen Differenzierung lassen sich doch einige übergreifende Aussagen treffen. Wie in anderen vorindustriellen Gesellschaften waren in der Antike deutlich mehr als zwei Drittel der Bevölkerung in der Landwirtschaft tätig. Das Kleinbauerntum kennzeichnete die Landwirtschaft. Vorrangiges Ziel war es, durch Ackerbau, Viehzucht und handwerkliche Arbeit die Lebensgrundlage der Familie zu sichern. Den Alltag beherrschte eine geschlechtsspezifische Arbeitsteilung. Der Mann übernahm die schwere körperliche Arbeit auf Feld und Hof, während die Frau für die Versorgung des Hauses, die Zubereitung der Mahlzeiten und die Textilherstellung zuständig war.

Das Leben war hart. Jährlich wechselnde Witterungsbedingungen und schwankende Ernteerträge mußten verkraftet werden. Überschwemmungen, Dürreperioden und Pflanzenkrankheiten bedrohten die Existenz. In vielen Regionen der Mittelmeerwelt mußte die dünne Humusschicht durch Mauern und Terrassen gesichert werden, um den Anbau von Feldfrüchten und Getreide zu ermöglichen. Auf dem Feld und im Haus wurden in der Regel einfache Werkzeuge benutzt, die zweckmäßig waren und daher über Jahrhunderte hinweg kaum weiterentwickelt wurden. Geräte wie den Pflug stellte der Bauer selbst her. Die Muskelkraft des Menschen war bei vielen Verrichtungen entscheidend. Sie wurde durch die Zugkraft der Ochsen ergänzt. Zusätzliche freie oder unfreie Arbeitskräfte konnten sich nur reichere Bauern leisten. Nachbarschaftliche Zusammenarbeit war eine Selbstverständlichkeit.

In den kargen Gegenden des Mittelmeerraumes wurden Herden von Schafen und Ziegen gehalten. Rinder dienten als Arbeitstiere und wurden für Opfer geschlachtet. Pferde hingegen waren das Statussymbol der sozialen Eliten und hatten nur einen geringen wirtschaftlichen Nutzen. Meist dürften Viehwirtschaft und Ackerbau getrennt betrieben worden sein. Die Herden wurden im Sommer im Gebirge, im Winter in den Küstenebenen geweidet. Durch die Wanderweidewirtschaft («Transhumanz») ging häufig der wichtige tierische Dünger verloren.

Die landwirtschaftliche Produktivität wird in der Forschung unterschiedlich bewertet. Der Ernteertrag der Nutzpflanzen war gering, konnte aber durch Fruchtwechsel und die Verbesserung der Anbaumethoden optimiert werden.

Im klassischen Griechenland und im Römischen Reich gab es neben dem Kleinbauerntum auch Großgrundbesitz, der mit Hilfe von freien oder unfreien Arbeitskräften extensiv bewirtschaftet wurde. In Rom waren es reiche Senatoren und Ritter, die in verschiedenen Landschaften Italiens oder in den Provinzen große Güter, sogenannte Latifundien, besaßen. Die Besitzer wollten hohe Erträge erzielen und spezialisierten sich daher auf profitable Güter wie Wein oder Olivenöl, die mit hohem Gewinn in den Städten Italiens und in den Provinzen verkauft wurden. Von dort kamen seit der späten Republik Getreidelieferungen, die das Zentrum Rom mit fast einer Million Einwohner versorgten.

40. Kannte die Antike ein Umweltbewußtsein? Eine ökologische Bewegung gab es in der Antike nicht. Doch die Unterscheidung zwischen einer gewachsenen Naturlandschaft und der durch menschliche Eingriffe gestalteten Kulturlandschaft war in der Antike durchaus geläufig. Allerdings richtete sich das Interesse nicht auf den Schutz der unberührten Natur, sondern den Erhalt und Ausbau der landwirtschaftlich nutzbaren Flächen und der von Menschen bewohnten Gebiete.

Die Umwelt wurde als eine von den Göttern gegebene Ordnung wahrgenommen. Sie war daher grundsätzlich zu schützen. Naturkatastrophen wie Erdbeben, Überschwemmungen und Vulkanausbrüche galten vielen als Strafe des Himmels. Landwirtschaftliche Tätigkeiten wie Pflügen, Säen und Ernten waren deshalb von einer Vielzahl von Kulten und Ritualen begleitet. Auch die philosophische Theorie thematisierte das Verhältnis des Menschen zu seiner natürlichen Umwelt, und den griechischen Philosophen Aristoteles feiern manche modernen Forscher als den Begründer der Ökologie.

Auch wenn der Mensch als der Beherrscher der Natur angesehen wurde, warnten viele griechische und römische Schriftsteller vor den Folgen menschlicher Eingriffe in das bestehende ökologische System. Der griechische Philosoph Platon (427–347 v. Chr.), der römische Agrarspezialist Columella (1. Jh. n. Chr.) und der Enzyklopädist Plinius der Ältere (23/24 n. Chr.–79 n. Chr.) wußten, daß die intensive Bewirtschaftung der Agrarflächen und die Rodung des Waldes zur Verkarstung des Bodens führten. Doch die hemmungslose Ausbeutung der Natur wurde nicht aus ökologischen, sondern vielmehr aus politischen und moralischen Gründen kritisiert. Die Idealisierung des einfachen Lebens auf dem Land und die Kritik urbaner Dekadenz konnten jedoch den Siegeszug der Städte im Hellenismus und in der Römischen Kaiserzeit nicht stoppen. Die Bewohner der großen Metropolen litten allerdings unter schlechter Luft und furchtbarem Lärm; nur die Begüterten vermochten sich zur Erholung in ein Landhaus vor den Toren der Stadt zurückzuziehen.

Die natürlichen Ressourcen wurden nicht nachhaltig genutzt; kurzfristiges Profitdenken stand im Vordergrund. Einen massiven Eingriff in das ökologische Gleichgewicht stellte die unkontrollierte Ausbeutung der Wälder dar, die abgeholzt wurden, um Brenn- und Baumaterial zu gewinnen. Dennoch reicht die Verödung großer Landstriche in Spanien, Italien und Griechenland nicht bis in die Antike zurück: Sie ist Folge der neuzeitlichen Industrialisierung.

Der Bergbau verschandelte die Landschaft und verschmutzte Luft und Boden. Die Römer leiteten sogar Flüsse um, damit das Wasser das Erdreich ausschwemmen konnte. Plinius der Ältere beklagte laut die katastrophalen Folgen dieser Abbaumethoden und stellte resigniert fest: *spectant victores ruinam naturae* – «Als Sieger bestaunen die Bergleute die Zerstörung der Natur» (Naturkunde 33,73).

Die Vorliebe der Römer für Tierhetzen bedrohte den Bestand wilder Tierarten in allen Regionen des Römischen Reiches. Für manche Spiele wurden mehrere tausend Tiere benötigt, die in der Kaiserzeit auf langen, qualvollen Transporten in die städtischen Arenen gebracht wurden.

Schließlich wurden in kriegerischen Auseinandersetzungen nicht nur die Städte, sondern auch landwirtschaftlich genutzte Gebiete des Gegners zerstört: Die Strategie der verbrannten Erde war bereits in der Antike bekannt.

41. Gab es in der Antike technischen Fortschritt? Das griechische Wort *téchne*, von dem sich unser Begriff «Technik» ableitet, bezeichnet zum einen diejenigen Mittel und Verfahren, die dazu dienen, die Natur dem Menschen dienstbar zu machen. Des weiteren kann es die Tätigkeit eines Politikers, Wissenschaftlers, Militärs oder Künstlers beschreiben. Schließlich kennzeichnet es die auf vernünftigem Handeln beruhende, in der Regel auf die praktische Umsetzung ausgerichtete Form der Erkenntnis und Bewältigung der Welt.

Die Wahrnehmung des Fortschrittes war in der griechisch-römischen Antike an alltägliche Erfahrungen gebunden. Christian Meier hat mit Blick auf die athenische Demokratie im 5. Jh. v. Chr. nicht von Fortschritt, sondern von einem Bewußtsein des menschlichen Könnens gesprochen. Den Athenern hätten sich damals ganz neue Handlungsmöglichkeiten in der Gestaltung ihrer politischen Ordnung eröffnet, und die athenischen Bürger hätten erkannt, daß sie ihre Fähigkeiten sowohl zum Guten wie zum Schlechten anzuwenden vermochten.

Erfindungen, die der fortschreitenden Bemächtigung der Welt durch den Menschen dienten, gab es aber in der Antike durchaus. In Landwirtschaft und Handwerk gab es Neuerungen, die bis zur industriellen Revolution den Tagesablauf und die Tätigkeit von Handwerkern und Bauern bestimmten. Allerdings haben sie die Gestaltung der Arbeitsprozesse nur in begrenztem Maße beeinflußt und in der Regel die Situation der arbeitenden Menschen (und Tiere) nicht erleichtert.

Bahnbrechend war die römische Ingenieurskunst. Seit der frühen Kaiserzeit wurden Getreidemühlen mit Wasser betrieben. In der Öl- und Weinerzeugung und bei der Textilherstellung fand die Schraubenpresse Verwendung, beim Getreideanbau wurden der Räderpflug und der Dreschschlitten eingeführt, im Bergbau und auf den Baustellen setzte man Kräne, Flaschenzüge, Hebegeräte und bei der Bewässerung die nach dem Mathematiker und Physiker Archimedes (3. Jh. v. Chr.) benannte archimedische Schraube ein. Die Glasbläserei und die Herstellung von durchsichtigem Glas veränderten den Einsatz dieses Produktes nachhaltig. Der römische Gußmörtel (*opus caementicium*) ermöglichte nicht nur den Bau riesiger Kuppeln bei Repräsentationsbauten wie dem Pantheon in Rom, sondern erlaubte den römischen Ingenieuren, atemberaubende Straßenbrücken, Wasserleitungen und Häfen zu konstruieren, die die Verkehrsinfrastruktur grundlegend verbesserten. Und römische Pioniere perfektionierten das Belagerungsgerät der Griechen und Karthager.

Die technischen Neuerungen zielten indes nicht nur auf eine Steigerung der Effizienz. Bisweilen sollten auch Arbeitskräfte eingespart werden. So berichtet Plinius der Ältere, ein Mähgerät, mit dessen Hilfe ein Feld in wenigen Stunden abgeerntet werden konnte, habe in den gallischen und germanischen Provinzen deshalb Verbreitung gefunden, weil es den Großgrundbesitzern gestattete, weniger freie und unfreie Arbeiter auf den Feldern einzusetzen.

42. Welche Einstellungen hatte man gegenüber Reichtum?

Reichtum zählte in der Antike neben der Herkunft aus einer aristokratischen Familie und dem Privileg des Bürgerrechtes zu den Voraussetzungen für hohes gesellschaftliches Ansehen. Das individuelle Vermögen bestimmte in den meisten antiken Gemeinwesen das Maß und den Erfolg der politischen Teilhabe. Reichtum befreite zugleich von der Notwendigkeit, seinen Lebensunterhalt durch körperliche Arbeit verdienen zu müssen. Zu den handwerklichen Verrichtungen, die eines Freien würdig waren, zählten nach antiker Vorstellung nur die eigene Landwirtschaft und das Kriegshandwerk, das als Dienst am Staate begriffen wurde. Lohnarbeiter und Handwerker unterlagen der gesellschaftlichen Geringschätzung, wurden als «Banausen» gebrandmarkt und in der politischen Philosophie vom Bürgerrecht ausgeschlossen.

Reichtum bestand in den agrarisch geprägten Gesellschaften der Antike in der Regel in Grundbesitz, der hohe und stete Erträge abzuwerfen hatte. Wichtig war neben Getreide-, Öl- und Weinanbau auch die Viehwirtschaft. Schon Odysseus galt als unermeßlich reich, weil er je zwölf Herden von Rindern, Schafen, Schweinen und Ziegen sein eigen nannte. Weitere Quellen des Reichtums waren in den

Städten der Mittelmeerwelt die Immobilienspekulation und der Mietwucher, Bankgeschäfte und Kreditwesen, Gewerbe und Handel. Geschickte Heiratsverbindungen und eine überlegte Familienplanung mehrten den Wohlstand. Darüber hinaus boten militärische Kommandos und Verwaltungsaufgaben in eroberten und besetzten Gebieten zahlreiche Möglichkeiten, sich zu bereichern.

Die Bewertung des Reichtums war jedoch ambivalent. Unrechtmäßig erworbener Besitz wurde kritisiert. Politische Theoretiker wie Aristoteles erachteten es als Gefahr, wenn in einem Gemeinwesen nur noch Arme und Reiche lebten; ein Stadtstaat ohne ausgleichende Mittelschicht sei vom Bürgerkrieg bedroht, meinte der griechische Philosoph. In zahlreichen antiken Gesellschaften gab es Gesetze, die den übertriebenen Luxuskonsum von Mitgliedern der Oberschicht etwa bei Gastmählern oder Leichenbegängnissen verboten. Moralisierende Schriftsteller beschworen unablässig das Ideal des einfachen bäuerlichen Lebens. Staatliche Regelungen und intellektuelle Kritik hatten indes ein politisches Anliegen, richteten sie sich doch gegen einen Lebensstil, der den sozialen Zusammenhalt der Oberschicht und letztlich des Gemeinwesens zu sprengen drohte.

Andererseits erwartete man von reichen Mitbürgern, daß sie ihr Vermögen zum Nutzen der Gemeinschaft einsetzten. Im Gegenzug erhielten sie gesellschaftliche Anerkennung und häufig auch politischen Einfluß. Die allgegenwärtige Vorstellung der sozialen Gegenseitigkeit («Reziprozität») veranlaßte nicht nur städtische Honoratioren, sondern auch hellenistische Monarchen, römische Aristokraten und schließlich die römischen Kaiser, Verpflichtungen für die Allgemeinheit zu übernehmen. Wir bezeichnen dieses wichtige Phänomen der griechisch-römischen Antike mit dem Begriff des «Euergetismus». Die Städte der griechischen Welt profitierten in vielerlei Hinsicht von den Leistungen ihrer «Wohltäter» (*euergétai*), die nicht nur Bauten errichten und Straßen ausbessern ließen, die Lebensmittelversorgung garantierten und Feste veranstalteten, sondern im Interesse der Bevölkerung gute Beziehungen mit den Herrschenden unterhielten.

In der Spätantike, als das Patronat den traditionellen Euergetismus abgelöst hatte, forderte das Christentum, daß der Besitz nach den Vorgaben der Nächstenliebe verwandt werden müsse. Reichtum sollte jetzt in der Gestalt von Almosen den Armen der Gesellschaft zugute kommen – und den Ruhm des frommen Gebers steigern. Nur radikale Vertreter der asketischen Bewegung verlangten – mit wechselndem Erfolg –, daß alle weltlichen Güter aufgegeben werden müßten.

43. Wer mußte in Athen Steuern zahlen? Die Frage, ob Bürger zum Nutzen des Gemeinwesens bestimmte Abgaben zu entrichten haben, wurde in der Antike unterschiedlich beantwortet. Oftmals wurden denjenigen, die das Bürgerrecht besaßen, keine direkten Steuern auferlegt. In Athen war dies zur Zeit der Tyrannis anders gewesen. Peisistratos hatte den Athenern eine Bodenertragssteuer aufgezwungen, die höchst unpopulär war. Die Demokratie verzichtete deshalb auf die regelmäßig erhobene direkte Besteuerung. Nur die Fremden, die Metoiken, wurden über eine Kopfsteuer zur Kasse gebeten; diese regelmäßige Steuer erbrachte im Schnitt 20 Talente im Jahr. Zum Vergleich: Die Tagegelder («Diäten») für die Besucher der zahlreichen Volksversammlungen und der Feste beliefen sich insgesamt auf ca. 30 Talente im Jahr.

Die wichtigste Einkommensquelle Athens im 5. Jh. v. Chr. waren die Beiträge (*phóroi*) der Seebundstaaten. Die Mitglieder des 478/77 v. Chr. gegründeten Delisch-Attischen Seebundes, der zunächst ein Schutzbündnis gegen die Perser, dann ein Herrschaftsinstrument Athens war, hatten entweder Schiffe zu stellen oder eine Geldsumme zu zahlen. Viele Poleis entschieden sich für die finanzielle Variante. Bereits in den Anfängen sollen die Phoroi mit 460 Talenten alle übrigen Einnahmen der Stadt überstiegen haben.

Die athenischen Bürger mußten indirekte Steuern abführen, von denen die wichtigste der Zoll auf alle ein- und ausgeführten Güter darstellte. Diese im Piräus, im Hafen von Athen, erhobene Steuer belief sich auf 1/50 des Warenwertes. In Kriegszeiten mußte ein kleiner Kreis von sehr wohlhabenden Bürgern eine außerordentliche Steuer (*eisphorá*) entrichten, die wohl in der Regel ein bis zwei Prozent ihres Vermögens ausmachte.

Zu den Einnahmen der Polis Athen zählten zudem ursprünglich freiwillig erbrachte Leistungen, sogenannte Leiturgien, die im Laufe der Zeit zu einer Art Sondersteuer für alle ‹Besserverdienenden› wurden, die ihre Aufgabe allerdings als Dienst an der Polis verstanden und sich davon Ansehen und Einfluß versprachen. Zu den regelmäßigen Leiturgien gehörten etwa die Ausrüstung, Aufstellung und Einübung der Chöre für Theateraufführungen (Choregie), die Leitung und Ausstattung eines Fackellaufes (Lampadarchie) oder die Ausrichtung eines öffentlichen Gastmahles an großen Festen (Hestiasis). Als außergewöhnliche Leiturgie galt die Trierarchie («Dreiruderer»), d. h. der Unterhalt eines Kriegsschiffes. Die Polis stellte das Schiff und übernahm den Sold für die Mannschaften; der Trierarch komplettierte die Ausrüstung und finanzierte das Training der Mannschaft sowie die Instandhaltung des Schiffes, dessen Kommandant er war. Wegen der hohen Kosten (4000 bis 6000 Drachmen) durften sich im Peloponnesischen Krieg zwei Bürger eine Trierarchie teilen.

Eine Befreiung von den Leiturgien konnten nur Ratsmitglieder und hohe Beamte in ihrem jeweiligen Amtsjahr beanspruchen. Die Anforderungen waren allerdings begrenzt: Niemand mußte zwei Leiturgien gleichzeitig übernehmen, und nach Ableistung war man mindestens ein Jahr, bei der Trierarchie zwei Jahre freigestellt. Vermutete ein zur Leiturgie Bestimmter, ein reicherer Mitbürger sei nicht verpflichtet worden, konnte er diesen auffordern, die Leiturgie zu leisten, oder (falls dieser abstritt, reicher zu sein) mit ihm das Vermögen tauschen (die sogenannte *antídosis*, der «Vermögenstausch»).

Mitte des 4. Jh.s v. Chr. wurden in Athen jährlich 100 bis 120 Leiturgien übertragen. Die Kosten für einen Chor betrugen 1500–2000 Drachmen. Zum Vergleich: Der Tageslohn für weniger qualifizierte Arbeiten belief sich in der Regel auf eine Drachme.

44. Gab es in der Antike Mindestlöhne? Löhne wurden auch in der Antike als Gegenleistung für einen bestimmten Dienst gezahlt. Der Arbeiter konnte mit Geld oder aber mit Naturalien bzw. Sachzuwendungen entlohnt werden. Die Quellenlage ist allerdings ausgesprochen dürftig und erlaubt es nur in den seltensten Fällen, sichere Aussagen über das Lohnniveau zu machen. Häufig fehlen zudem wichtige Vergleichswerte wie etwa Angaben zu den Lebenshaltungskosten. Angebot und Nachfrage hatten offenbar nur wenig Einfluß auf die Höhe der Löhne, die in vielen Beschäftigungsbereichen niedrig waren. Arbeitskraft war in der Antike grundsätzlich billig. Einfache Arbeiter in den Städten und vor allem Saisonarbeiter auf dem Land, die als Erntehelfer eingesetzt wurden, erhielten Löhne, die nach unseren Vorstellungen unterhalb eines

Mindestlohnes lagen, da sie nicht das Existenzminimum garantierten.

Das Schicksal der landlosen Saisonarbeiter («Theten»), die sich bei unterschiedlichen Herren verdingen mußten und denen der Schutz des Hauses (*oîkos*) fehlte, wird schon von Homer beklagt. Die in der «Ilias» und der «Odyssee» erwähnten Theten lebten in ständiger Ungewißheit, ob sie den versprochenen Lohn erhielten, und ihre Stellung in der homerischen Gesellschaft war noch niedriger als die der Sklaven.

Die blühende Wirtschaft des klassischen Athen sicherte hingegen vielen Lohnarbeitern ein gutes Einkommen. Aristoteles spricht davon, daß 20 000 Männer von den Steuern und von den Abgaben der Bundesgenossen ernährt worden seien. Viele freie Arbeiter fanden in öffentlichen Bauprogrammen ein Auskommen, wo sie Seite an Seite mit Sklaven arbeiteten.

Genauere Informationen über die Lohnentwicklung haben wir aus der römischen Provinz Ägypten, wo zahlreiche Papyri einschlägige Angaben enthalten. Dort scheint sich die Entlohnung der Arbeit in den ersten drei Jahrhunderten n. Chr. nicht verschlechtert zu haben. Das Existenzminimum in der frühen Kaiserzeit dürfte bei 400 bis 500 Sesterzen im Jahr gelegen haben. Die Löhne niedriger Amtsdiener auf städtischer Ebene lagen zum Teil darunter. Der Sold einfacher Soldaten war hingegen deutlich höher. Unter Caesar (100–44 v. Chr.) betrug er bereits 900 Sesterzen und stieg unter Domitian (81–96 n. Chr.) auf 1200 Sesterzen.

In der Spätantike setzte ein Edikt des Kaisers Diokletian auch die Höchstpreise für Güter und Dienstleistungen fest. Diese Maßnahme des Jahres 301 n. Chr. sollte verhindern, daß Bauern, Händler und Gewerbetreibende eine kurz zuvor eingeleitete Währungsreform nutzten, um zum eigenen Vorteil die Preise für ihre Waren massiv anzuheben.

45. Wie wurde die Metropole Rom versorgt? Waren wurden auf dem Land- und dem Seeweg nach Rom transportiert. Die Mehrzahl der Güter, die für Rom bestimmt waren: Getreide, Öl, Wein, Gewürze, Duftstoffe, Edelsteine und Seide, aber auch Kunstwerke und wilde Tiere für die Arena, kamen per Schiff aus den Provinzen des Römischen Reiches und aus fernen Ländern in der Hafenstadt Ostia an, die gut 20 km westlich von Rom an der Tibermündung lag.

Abb. 4: Das Eingangsportal zu Lagerhäusern im Hafen von Ostia

Lastenträger, Hafenarbeiter, Lagerverwalter und Flußschiffer nahmen die Fracht in Empfang.

Ostia war Roms Tor zur Welt. Hier wurden große Gewinne erzielt, aber auch viel Geld verloren. Denn der Seetransport war ein riskantes Geschäft: Zahlreiche Schiffe gingen durch Stürme unter oder wurden von Piraten geplündert. Bei günstigen Verhältnissen dauerte eine Passage von Karthago nach Ostia vier, von Alexandreia nach Ostia zwanzig Tage.

Weil der ursprüngliche Hafen von Ostia durch seine natürliche Lage zu wenig geschützt war, ließ Kaiser Trajan (98–117 n. Chr.) einen neuen, sechseckigen Hafen bauen, der fast 33 ha groß war und durch einen Kanal mit dem Tiber verbunden wurde. Die sechs Meter breiten Kaianlagen hatten eine Gesamtlänge von 6 km und boten 350 bis 400 Schiffen Platz zum Ankern.

Die Ladung wurde entweder in den großen Lagerhäusern (*horrea*) zwischengelagert oder mit kleineren Lastschiffen tiberaufwärts zu dem stadtrömischen Hafen, dem *emporium*, unterhalb des Aventin gebracht. Hier entluden Sklaven schwere Lasten mit beweglichen Hebekränen. Das Getreide, das wichtigste tägliche Nahrungsmittel, wurde in großen Speichern gelagert. Andere Waren verkauften Reeder und Importeure noch im Hafen direkt an wartende Händler weiter.

46. Was ist eine Villa? Das lateinische Wort *villa* hat unterschiedliche Bedeutungen. Es bezeichnet das luxuriöse Ferienhaus eines römischen Senators, das vor den Toren der Stadt Rom, in den Bergen oder an der Meeresküste Italiens erbaut worden war und in dem die Familie regelmäßig die Wochenenden und die Ferien verbrachte. Die Römer benutzten den Begriff «Villa» aber auch für einen Gutshof mit großen Ländereien oder für einen kleineren Bauernhof; diese Art der «Villa» wurde auch *villa rustica* («Landgut») genannt.

Eine *villa rustica* lag, wie ein moderner Aussiedlerhof, außerhalb städtischer Siedlungen, inmitten von Feldern, Wiesen, Weinbergen und Olivenhainen. Der Gutshof war umgeben von einer Hecke, einem Holzzaun oder einer Steinmauer. Er bestand aus dem großen Herrenhaus mit Wohn- und Schlafräumen des Gutsbesitzers, den einfachen Unterkünften für die Sklaven und die Lohnarbeiter sowie verschiedenen Wirtschaftsgebäuden. Zu diesen zählten Ställe, Scheunen, Speicher, Vorratshäuser, Geräteschuppen, Mühle, Backhaus, Schmiede sowie Räume für Weinkelter und Olivenpresse.

Eine größere *villa rustica* produzierte nicht nur Lebensmittel für den eigenen Bedarf. Sie war ein straff organisiertes Unternehmen, das das Ziel verfolgte, reiche Ernten einzufahren, die Erzeugnisse teuer zu verkaufen, die Produktionskosten niedrig zu halten und hohe Erträge zu erwirtschaften.

Die Gutsbesitzer bauten Getreide, Wein und Oliven an, aber auch Obst und Gemüse, das in den nahegelegenen Städten angeboten wurde. Viele Gutsbesitzer hielten außerdem Geflügel und Kleintiere wie Hasen. Auch seltene und teure Vögel wie Pfaue wurden für die Gastmähler reicher Senatoren gemästet. Arbeitstiere gab es nur wenige. Große Viehherden wurden im Sommer in den Bergen geweidet, im Winter in den wärmeren Küstengebieten.

Auf den Gütern arbeiteten männliche Sklaven, die von einem Gutsverwalter (*vilicus*) beaufsichtigt wurden. Seine Frau (*vilica*) versah wichtige Aufgaben im Haushalt. Im Gegensatz zu städtischen Haushalten gab es nur wenige Sklavenfamilien. Die Nahrungsmittel der Sklaven waren rationiert, der Zeitaufwand für die einzelnen Tätigkeiten wurde genau festgesetzt, und Urlaub gab es nicht. Die Sklaven mußten auch bei schlechtem Wetter, im Winter und an Feiertagen arbeiten. Strafandrohungen und Belohnungen sollten sie zu besonderen Leistungen anspornen.

Doch nicht nur Sklaven wurden auf den großen Gütern eingesetzt. Die Grundbesitzer verpachteten seit der späten Republik Teile ihrer Ländereien an arme, aber freie Kleinbauern, die als Pächter (*coloni*) versuchten, sich und ihre Familie zu ernähren. Der Einsatz von Sklaven oder Pächtern hing immer davon ab, welche Arbeitskräfte in der jeweiligen Region verfügbar waren. Der Pachtvertrag wurde in der Regel für fünf Jahre abgeschlossen, und alljährlich mußte der Pächter nach der Ernte den Pachtzins (zumeist in Geld) an den Grundbesitzer abliefern.

47. Wie funktionierte eine römische Heizung? Die römische Heizung, die in privaten und öffentlichen Gebäuden eingesetzt wurde, beruhte auf dem Hypokaustverfahren. Das griechische Wort bedeutet soviel wie «Heizung von unten». Es beschreibt sehr gut die Technik: Der Fußboden der einzelnen Räume ruhte auf vielen kleinen Pfeilern, die aus feuerfest gebrannten Tonziegeln errichtet waren. In die Hohlräume zwischen den Pfeilern strömte erhitzte Luft, die an der Unterseite des Fußbodens entlangstrich und ihn angenehm warm machte. Über senkrechte Abzugskanäle in den Ecken der Räume gelangte sie nach oben und dann ins Freie. Um eine verbesserte Heizwirkung zu erzielen, waren oft auch die Wände mit röhrenförmigen Hohlziegeln versehen, in denen die Luft langsam zirkulierte, bevor sie durch einen Heizkanal ins Freie entwich.

Die Luft wurde in einzelnen Heizkammern, den *praefurnia*, erhitzt, die von außen mehrmals täglich mit Holzkohle beschickt werden mußten. Größere Anlagen waren rund um die Uhr im Betrieb. Da die Arbeit des ‹Heizers› anstrengend und unangenehm war – die Hitze war unerträglich –, wurde sie meist von Sklaven verrichtet. Über den *praefurnia* konnten in Thermenanlagen große Kessel angebracht werden, die das Badewasser nach und nach erwärmten.

Nach modernen Maßstäben war der Umgang mit der Heizenergie mehr als verschwenderisch. In den großen Thermen machte man sich immerhin das Wärmespeichervermögen von dicken Pfeilern, Fußböden, Wandverkleidungen und Decken zunutze. Zugleich waren die einzelnen Räume klug angeordnet: Die energieintensivsten wurden nach Südwesten oder Süden ausgerichtet, da so die Sonne die Warmwasserbäder am Nachmittag, der beliebtesten Badezeit, zusätzlich erwärmte. Außerdem grenzten die beheizten

Räume aneinander, so daß weniger Wärme nach außen entwich, und die runde Kuppel des Heißwasserraumes (*caldarium*), in dem Temperaturen von 32 °C und mehr erreicht werden konnten, ermöglichte es, mit weniger Brennmaterial auszukommen.

48. Wer finanzierte das römische Straßensystem? Das römische Straßennetz, das in der Kaiserzeit etwa 80 000 bis 100 000 km umfaßte, war zunächst aus militärischen Gründen angelegt worden, um den raschen Transport der Truppen zu den Krisenherden des Reiches zu ermöglichen. Doch die Straßen erleichterten auch die Verwaltung des Imperiums, den Kontakt der Bewohner einer Region und einer Provinz und den Handel mit Waren, wenn auch Massengüter in der Regel auf dem Wasserweg befördert wurden.

Die älteste römische Straße ist die Via Appia, die von Rom nach Capua reichte. Das erste, 211 km lange Stück wurde 312 v. Chr. von dem Zensor Appius Claudius Caecus in Auftrag gegeben. Seit 220 v. Chr. gelangte man auf der Via Flaminia von Rom nach Rimini. Seit 148 v. Chr. verband die von dem Konsul Spurius Postumius Albinus errichtete Via Postumia das Adriatische mit dem Tyrrhenischen Meer und sicherte die Poebene. Im Prinzipat führte die Via Egnatia von der Adria bis zum Bosporus. Die Via Domitia erschloß Südgallien und verband das Rhônetal mit den Pyrenäen.

Der Bau der sorgfältig geplanten Straßen war enorm aufwendig. Auf den mehrschichtigen Unterbau wurden in der Umgebung von Städten Steinplatten verlegt. Vor schwierigem Gelände schreckten die römischen Ingenieure nicht zurück: Flüsse und Täler wurden wie beim Bau der Wasserleitungen, der Aquädukte, mit kühnen Brückenkonstruktionen überwunden, Hügel abgetragen und unebene Trassen planiert. Für den Fernverkehr über die Alpen baute man Paßstraßen aus.

Zahlreiche römische Straßen waren so vorzüglich geplant, technisch zuverlässig gebaut und sorgfältig instand gehalten, daß sie bis weit in die Neuzeit hinein als Verkehrswege benutzt wurden. Und manche moderne Überlandstraße ruht auch heute noch auf dem Fundament der römischen ‹Highways›.

Da Arbeitskraft billig war, wurden beim Bau der Trassen zahlreiche freie und unfreie Arbeiter gleichzeitig eingesetzt. Dennoch verschlang die Konstruktion einer Reichsstraße, einer *via publica*, Unsummen. In der Republik erbauten reiche Aristokraten während ihrer Magistratur die Straßen (oder zumindest Teilstücke), die nach ihnen benannt wurden. Dadurch erwarben sie sich und ihrer Familie bleibenden Ruhm. Seit Augustus war der Bau der *viae publicae* Aufgabe der Kaiser. Der erste Prinzeps sorgte dafür, daß dieser wichtige Bereich der öfferntlichen Verwaltung fortan kaiserlicher Aufsicht unterstand und nicht weiter von ehrgeizigen Senatoren zur gesellschaftlichen und politischen Profilierung genutzt werden konnte. Die Kaiser stellten am Straßenrand Meilensteine (*miliaria*, Sg. *miliarium*) auf, die Entfernungsangaben zu Städten oder Knotenpunkten von überregionalen Straßen aufwiesen. Die Meilensteine erwähnen immer den Kaiser als obersten Bauherrn, der die Straße hatte neu errichten oder ausbessern lassen. Diese Distanzmesser aus Stein waren ein hervorragendes Mittel kaiserlicher Selbstdarstellung.

Der Straßenzustand wurde in den Provinzen von den Statthaltern kontrolliert; der Unterhalt war oft Sache von Städten oder Anliegern. Von den Reichsstraßen zweigten zahlreiche kleinere Straßen und Wege ab, die städtische Wohltäter oder römische Beamte errichten ließen. Das engmaschige Straßennetz stellte nicht nur einen wichtigen Wirtschaftsfaktor für die Gebiete dar, die es verband, sondern förderte auch die Akzeptanz des römischen Herrschaftssystems durch die lokale Bevölkerung.

49. Wie führte man in der Antike Krieg? Wie aus den Epen Homers hervorgeht, unternahmen in der Frühzeit Griechenlands Adlige mit ihren Clans Beutezüge in fremde Gebiete. Der Kampf in dichter Formation war durchaus geläufig. Seit dem 7. Jh. v. Chr. gab es formierte Verbände landbesitzender Bauern, die ihre Rüstung selbst stellten und als Fußkämpfer («Hoplit») fochten. Allmählich bildete sich die Kampfformation der Phalanx heraus, in der die schwerbewaffneten Bürgerhopliten acht Reihen tief Schulter an Schulter nebeneinanderstanden. Stark ritualisierte Feldschlachten, in denen die Phalangen der einheitlich mit Rundschild (*hóplon*), Stoßlanze und Schwert ausgerüsteten Soldaten aufeinandertrafen, bestimmten die kriegerischen Auseinandersetzungen bis in das 4. Jh. v. Chr. hinein. Reiterei und Leichtbewaffnete spielten eine untergeordnete Rolle.

Die Seekriegsführung wurde hingegen seit dem ausgehenden 6. Jh. v. Chr. von den Trieren («Dreiruderern») bestimmt, deren drei versetzte Ruderreihen dem etwa 35 m langen und sehr wendigen Schiff eine hohe Antriebskraft gaben. Ziel der Taktik war das Versenken gegnerischer Schiffe durch einen Stoß mit dem Ramm-sporn.

Im Laufe des 4. Jh.s v. Chr. kam es zur folgenreichen Differenzie-rung der einzelnen Waffengattungen. Es setzten sich die ursprüng-lich aus Thrakien kommenden leichtbewaffneten Peltasten durch, die neben ihrem kleinen Rundschild (*pélte*), dem Schwert und der Stoß-lanze einen oder zwei Wurfspeere trugen und folglich im Gegensatz zu den Hopliten sowohl im Fern- als auch im Nahkampf eingesetzt werden konnten. Des weiteren wurden immer häufiger Söldner angeworben, die Techniken der Städtebelagerung («Poliorketik») weiterentwickelt und neue Kampfformationen eingeführt, die sich wie die «schiefe Schlachtordnung» des Thebaners Epameinondas (gefallen 362 v. Chr.) als höchst effektiv erwiesen. Die makedoni-schen Könige machten die Reiterei zu einer eigenständigen Waffen-gattung.

In den hellenistischen Königreichen dienten gutausgebildete Berufssoldaten, die aus aller Herren Länder kamen. Belagerungen wurden jetzt mit technisch aufwendigem Gerät durchgeführt, und auf den Schlachtfeldern kamen Kampfelefanten zum Einsatz. Die Flotten bestanden aus schweren Vier- und Fünfruderern (Tetreren und Penteren), aber auch aus kleineren und sehr schnellen Kriegs-schiffen.

Die Taktik und Bewaffnung der römischen Bürgersoldaten orien-tierte sich zunächst an dem Vorbild der Phalanx. Bis zum späten 4. Jh. v. Chr. entwickelten die Römer eine bewegliche Kampfforma-tion, die sich aus kleinen Einheiten zusammensetzte, den sogenann-ten Manipeln, die unabhängig voneinander operieren konnten. Der Begriff *legio* (Legion) beschrieb nun einen Truppenverband, der im allgemeinen aus etwa 6000 Mann bestand und in drei Reihen zu je zehn Manipeln Aufstellung nahm. Die Legionäre waren mit einem runden oder länglichen Schild (*clipeus, scutum*), einem Kurzschwert (*gladius*), einem Dolch (*pugio*), einem Wurfspeer (*pilum*) oder einer Lanze (*hasta*) ausgerüstet. Im Feld standen Leichtbewaffnete vor der ersten Schlachtreihe, und auf den Flügeln wurden Reiter eingesetzt.

Die römische Expansion erforderte die kontinuierliche militä-rische Präsenz in den Provinzen. Die Soldaten wurden nicht mehr nur für die Zeit einzelner Feldzüge rekrutiert, sondern mußten längere Dienstzeiten ableisten. C. Marius zog Ende des 2. Jh.s v. Chr. daraus die Konsequenzen und schuf die Voraussetzungen für ein stehendes Heer. Zugleich setzte er militärtaktische Änderungen fort, so daß an die Stelle des Manipels die Kohorte (*cohors*) trat. Jede Legion hatte nunmehr zehn Kohorten, die in sechs Zenturien unterteilt wurden.

Seit Augustus unterhielt Rom ein Berufsheer, dessen Ausrüstung und Untergliederung sich aber zunächst nicht wesentlich änderte. Durch die Einsetzung der Befehlshaber kontrollierten die Kaiser die Truppen. In Rom bildeten neun Prätorianerkohorten den Eliteverband des Prinzeps. Ungefähr 25 in den Provinzen stationierte Legionen zu je 5000 Mann bildeten das Rückgrat des kaiserzeitlichen Militärs. Hinzu kamen etwa 125 000 Soldaten der Verbündeten (*socii*), die zu Fuß oder zu Pferde in Auxiliareinheiten zu 500 oder 1000 Mann dienten. Belagerungs- und Befestigungstechniken entwickelten römische Pioniere nach den hellenistischen Vorbildern weiter. Die Kriegsmarine, die die Römer erst im 3. Jh. v. Chr. geschaffen hatten, verfügte über zwei Stützpunkte in Italien: Misenum (am Golf von Neapel) und Ravenna.

50. Wie sah eine militärische Karriere in Rom aus? Die Karrieremuster im römischen Heer waren je nach Epoche, bürgerrechtlichem Status und sozialem Stand unterschiedlich. Die Soldaten der Legionen der römischen Republik waren römische Bauern im wehrfähigen Alter zwischen 17 und 46 Jahren, die nur für die Dauer einzelner Feldzüge im Heer dienten. Seit den Punischen Kriegen mußten sie bis zu sechs Jahre ohne Unterbrechung Kriegsdienst leisten und insgesamt 16 Jahre im Heer kämpfen. Wie der Lebenslauf eines solchen ‹professionellen› Bürgersoldaten aussehen konnte, zeigt das Beispiel eines gewissen Spurius Ligustinus, der aus dem Sabinerland stammte, 200 v. Chr. ins Heer eintrat, bereits 198 zum Centurio befördert wurde und schließlich zum ranghöchsten Centurio, dem *primus pilus*, aufstieg. Auf 22 Jahre belief sich seine Dienstzeit, und, überhäuft mit Auszeichnungen und Ehren, nahm er, über fünfzigjährig, seinen Abschied.

Als längere Dienstzeiten üblich wurden, traten vermehrt auch besitzlose Proletarier ins Heer ein. (Der Name *proletarii* leitet sich von *proles* ab, «Nachkommen», d. h., Proletarier waren diejenigen, deren einziger Reichtum ihre Nachkommen waren.) Die Soldaten waren durch Eid an den Feldherrn gebunden, der nach der Demobilisierung auch für die Versorgung der entlassenen Soldaten (Veteranen) zuständig war. Die enge Beziehung zwischen Heerführer und Heer («Heeresklientel») beschleunigte die Militarisierung der römischen Innenpolitik in der späten Republik.

Die hohen Offiziersstellen wurden in Republik und Kaiserzeit von römischen Aristokraten besetzt, die ihre militärische Laufbahn als Militärtribune begonnen hatten. Im 1. und 2. Jh. n. Chr. wechselten die höchsten Beamten oft zwischen Ämtern im Heerwesen und in der zivilen Verwaltung. Abwechselnd war man in einer Provinz oder in Rom tätig.

Über die Karriere der einfachen Soldaten geben zahlreiche Inschriften und vor allem Militärdiplome Rechenschaft. Dabei handelt es sich um eine Doppelurkunde, die aus zwei versiegelten Bronzetafeln besteht und eine beglaubigte Abschrift eines in Rom auf Erztafeln veröffentlichten Erlasses enthält, durch den der Kaiser einem Soldaten nach Ablauf seiner in der Regel 20 bis 25 Jahre dauernden Dienstzeit, aber auch als besondere Auszeichnung für Tapferkeit das römische Bürgerrecht verlieh. Gleichzeitig wurde – wenn er dies wünschte – die Gemeinschaft mit seiner Lebensgefährtin in den Rang einer rechtmäßigen Ehe erhoben (*conubium*) und die Kinder aus dieser Verbindung als römische Bürger anerkannt. Von diesen Bürgerrechtsverleihungen profitierten vor allem die nichtrömischen Soldaten der Auxiliarverbände aller Provinzen des Römischen Reiches. Das neuerworbene Bürgerrecht war die Voraussetzung für ihren sozialen Aufstieg.

Kunst und Literatur

51. Was wissen wir über Homer und den Trojanischen Krieg? Die ältesten bekannten Dichtungen der Griechen sind die beiden Epen «Ilias» und «Odyssee». Die «Ilias» berichtet vom Krieg der Griechen gegen die Stadt Troja; sie endet jedoch nicht mit dem Fall Trojas, sondern bereits mit dem Tod des trojanischen Helden Hektor im zehnten und letzten Kriegsjahr. Die «Odyssee» schildert die abenteuerliche Reise des Griechen Odysseus von Troja zurück in seine Heimat. Die beiden Werke werden dem Dichter Homer zugeschrieben. Doch über ihn wissen wir nur sehr wenig. Wahrscheinlich lebte er gegen Ende des 8. Jh.s v. Chr. Strittig ist, ob er die beiden Werke selbst verfaßt hat. Sicher ist nur, daß in der «Ilias» und in der «Odyssee» eine jahrhundertealte mündliche Überlieferung («oral tradition») erstmals schriftlich festgehalten und im Lichte zeitgenössischer Verhältnisse und Normen neu formuliert wurde.

Um den Krieg der Griechen gegen Troja rankten sich viele weitere Geschichten. Am Anfang steht ein sonderbarer Wettstreit: Paris, der Sohn des trojanischen Herrschers Priamos, soll entscheiden, welche der drei Göttinnen Hera, Athene und Aphrodite die Schönste sei. Er entscheidet sich für Aphrodite, da sie ihm Helena verspricht. Helena gilt als die schönste Frau der Welt. Sie ist aber schon mit Menelaos, dem König von Sparta, verheiratet. Paris reist zu Menelaos, mißbraucht dessen Gastfreundschaft und raubt Helena. Da alle diplomatischen Versuche, die Entführte zurückzuerhalten, scheitern, rüstet Agamemnon, der König von Mykene, für seinen Bruder Menelaos zum Krieg und setzt sich an die Spitze eines großen Flottenaufgebots, das gegen Troja zieht.

Ein schneller Sieg kann nicht errungen werden. Die Griechen sind zur Belagerung der Stadt gezwungen, die sich über zehn Jahre hinzieht. Das Kriegsglück wechselt, da auch die Götter uneins sind und auf beiden Seiten eingreifen. Später streitet sich Achill, der tapferste der Griechen, mit Agamemnon und zieht sich mit seinen Kriegern, den gefürchteten Myrmidonen, aus dem Kampf zurück. Die Griechen scheinen den Krieg zu verlieren. Doch dann wird Achills bester Freund Patroklos getötet: Hektor, der älteste Sohn des Priamos, hat ihn im Zweikampf besiegt. Da greift Achill erneut ein, um den Tod des Freundes zu rächen. Er kann eine Wende herbeiführen: Achill tötet Hektor im Kampf Mann gegen Mann und schleift ihn an seinem Streitwagen um die Stadtmauern ins Lager der Griechen. Der greise Priamos muß den Leichnam seines Sohnes durch einen Bittgang zu Achill auslösen.

Achill kann in der Folge auch die Amazonen, die den Trojanern zu Hilfe eilen, zurückschlagen, wird dann aber von einem Pfeil des Paris, den der Gott Apollon lenkt, tödlich getroffen. Dennoch gelingt es den Griechen, die stark befestigte Stadt durch eine List einzunehmen: Sie täuschen ihren Abzug vor, verstecken ihre Schiffe aber hinter einer Insel. Am Strand lassen sie ein großes hölzernes Pferd zurück, in dessen hohlem Bauch sich Krieger unter der

Führung des Odysseus verbergen. Als die Trojaner, verwundert über das Verschwinden der Feinde, vor die Stadt ziehen und das Pferd finden, entschließen sie sich, es als Weihegeschenk für ihren – vermeintlichen – Sieg mit in die Stadt zu nehmen. Ausgelassen feiern sie ein großes Fest. In der folgenden Nacht, als alles schläft, klettern die Griechen aus dem Bauch des Pferdes, öffnen ihren inzwischen herbeigeeilten Waffengefährten die Stadttore und zerstören Troja. Die Königsfamilie wird ausgelöscht, nur wenige Trojaner können entkommen. Die Griechen kehren nach Hause zurück; Odysseus aber wird zehn Jahre benötigen, bis er nach langen Irrfahrten seine Heimat Ithaka wiedersieht.

Ist diese Erzählung ein reines Phantasieprodukt, oder spiegelt sie ein geschichtliches Ereignis, nämlich einen Kriegszug der Griechen gegen die kleinasiatische Stadt Troja, der um 1200 v. Chr. stattgefunden hat? Heinrich Schliemann hat Ende des 19. Jh.s die alten homerischen Stätten, Mykene und Troja (heute: Hirsalık), durch umfangreiche Grabungen freigelegt. Seitdem streiten sich Forscher immer wieder, ob die Sage vom Trojanischen Krieg einen historischen Kern enthält. Manche Ausgräber behaupten sogar, das homerische Troja gefunden zu haben. Ein Ende des wissenschaftlichen Disputes ist nicht abzusehen.

52. Wie sah ein griechisches Heiligtum aus? Die Religion war in der Antike omnipräsent und durchdrang alle Lebensbereiche. Griechen, Etrusker und Römer errichteten heilige Stätten für Gottheiten und Heroen an verschiedenen Orten: in öffentlichen und privaten Räumen, auf dem Land und in der Stadt, im Gebirge und an den Küsten. Sie standen immer in Bezug zu den politischen und gesellschaftlichen Gliederungen ihrer Umwelt.

Funktionen und Formen, Anlage und Aussehen der Heiligtümer waren sehr unterschiedlich. Sie sind herausragende Zeugnisse des religiösen, sozialen und kulturellen Lebens. In Griechenland gab es Heiligtümer für die Familie und die Polis, aber auch solche für die Region, den «Stamm» (das Ethnos) und für die Gesamtheit der Griechen.

Wir wollen im folgenden mit Delphi eines der vier panhellenischen Heiligtümer beschreiben. Im Zentrum des Heiligtums befindet sich der Tempel des Apollon. Hier verkündete die Pythia ihre Weissagungen. Aus Dankbarkeit stifteten griechische und auswärtige Poleis und Herrscher seit dem 7. Jh. v. Chr. Weihegeschenke, die in eigens errichteten, mit reichem Schmuck verzierten Schatzhäusern aufgestellt wurden. Heute werden jedem Besucher die prächtigen Schatzhäuser von Athen und der Kykladeninsel Siphnos gezeigt.

Der heilige Bezirk mußte bereits im späten 6. Jh. v. Chr. auf eine Fläche von etwa 135 mal 190 Metern vergrößert werden. Eingeschlossen waren ein Theater und ein Stadion, das über dem Heiligtum am Fuße einer Felsmauer lag und in dem die pythischen Spiele ausgetragen wurden. Seit dem 5. Jh. v. Chr. wurden in dem durch eine Mauer begrenzten sakralen Bezirk einzelne Denkmäler aufgestellt, mit denen Städte und Bündnisse vor der internationalen Öffentlichkeit ihre Leistungen darstellten und politische Forderungen formulierten. Die verbündeten Griechen errichteten nach ihrem Sieg über die Perser zunächst eine kolossale Apollonstatue; hier hielt der Gott einen Schiffsbug in seiner Hand und erinnerte damit an die Seeschlacht bei Salamis (480 v. Chr.). Nach dem Triumph von Plataiai (479 v. Chr.) wurde eine Säule aus ineinander verschlungenen Schlangen aufgestellt, auf deren Spitze ein Dreifuß stand; sie verewigte die im Kampf gegen die Perser vereinigten griechischen Poleis durch eine Inschrift. Konstantin der Große ließ im 4. Jh. n. Chr. dieses Denkmal in den Hippodrom (die «Pferderennbahn») von Konstantinopel verbringen.

Immer weitere Denkmäler kamen hinzu, die auch die machtpolitische Rivalität der griechischen Poleis im 5. und 4. Jh. v. Chr. bezeugen. Die Athener, die ihren Sieg über die Perser bei Marathon (490 v. Chr.) mit einem Monument unsterblich gemacht hatten, das den Strategen Miltiades im Kreis athenischer Götter und Heroen zeigte, mußten hilflos mitansehen, wie die Spartaner ihrem Feldherren Lysander nach der athenischen Niederlage im Peloponnesischen Krieg (431–404 v. Chr.) ein großartiges Ehrenmal errichteten. In hellenistischer Zeit stellten sich die Diadochen in die Tradition der griechischen Stadtstaaten und verewigten sich durch Hallenbauten und figürliche Denkmäler.

53. Hatten die griechischen Tragödien und Komödien eine politische Funktion? Die große Zeit des griechischen Theaters war das 5. Jh. v. Chr. In Athen kamen Tragödie und Komödie zum Durchbruch, weil diese beiden Literaturgattungen auf das engste mit der Polis verbunden waren. Bis zum Ende des 5. Jh.s wurden wohl über 2000 Tragödien, Komödien und Satyrspiele in Athen aufgeführt. Davon sind 32 Tragödien vollständig erhalten; sie stammen von Aischylos (ca. 525–456 v. Chr.), Sophokles (ca. 497–406 v. Chr.) und Euripides (480–406 v. Chr.).

Tragödie und Komödie wurden seit der archaischen Zeit mit den Kultfeiern zu Ehren des Dionysos verbunden. Sie waren Teil des religiösen Lebens der Polis. Das Hauptfest waren die «Großen» bzw. «Städtischen Dionysien» im attischen Monat Elaphebolión (März/April), die seit dem ausgehenden 6. Jh. v. Chr. von einem Theaterwettstreit begleitet wurden, bei dem zunächst nur Tragödien zur Aufführung kamen. Die grundsätzlich männlichen Schauspieler trugen Masken und einen speziellen Theaterschuh, den Kothurn.

Möglicherweise in Verbindung mit den Kleisthenischen Reformen entstand ein klar gegliederter Tragödienwettbewerb: An drei aufeinanderfolgenden Tagen wurden jeweils drei in der Regel thematisch verbundene Tragödien («Trilogie») aufgeführt, denen ein Satyrspiel desselben Autors folgte. Seit 486 v. Chr. wurden bei den Großen Dionysien auch Komödien gezeigt, bei denen fünf Stücke von verschiedenen Dichtern gespielt wurden. Seit etwa 440/435 v. Chr. wurden Tragödien- und Komödienwettbewerbe zudem an den Lenäen (einem Fest zu Ehren des Dionysos im Monat Gamelión, d. h. im Januar/Februar) abgehalten.

Die Intensität der Aufführungen und das Engagement der Zuschauer waren außerordentlich. Innerhalb weniger Tage erlebte man bis zu 26 Inszenierungen. Das Publikum im Dionysostheater verfolgte auf Holzsitzen bis zu zehn Stunden täglich das Geschehen auf der Bühne.

Die politische Funktion der Komödie ist offenkundig: Prominente Politiker waren häufig Gegenstand derben Spottes. So wurde Perikles zur Zielscheibe der Kritik des Aristophanes (ca. 450–385 v. Chr.), des berühmtesten athenischen Komödienschreibers, der in seinen Stücken Themen aufgriff, die das Gemeinwesen, die Polis, betrafen.

Von der Tragödie hat man hingegen gesagt, sie stelle keine politischen, sondern menschliche Grundkonflikte dar (Schuld und Sühne, Rache und Hybris), die in mythisches Geschehen eingebettet seien. Ziel der Tragödienaufführung sei, wie schon Aristoteles feststellte, die Erregung von Mitleid und Furcht, die wiederum die

Kátharsis, die «Reinigung» der Zuschauer von schädlichen Affekten, bewirkten. Doch auch die Tragödienaufführungen an den Großen Dionysien reflektierten oft politisches Geschehen. «Der Fall Milets» des Dichters Phrynichos machte 493/92 v. Chr. die persische Zerstörung von Milet und die Deportation seiner Bevölkerung an den unteren Tigris zum Thema. Das Stück sorgte für einen ungeheuren Skandal; Phrynichos wurde zu 1000 Drachmen Geldstrafe verurteilt. Die «Perser» des Aischylos hoben 472 v. Chr. die Freiheit der Athener hervor, die «keines Menschen Sklaven» und «keinem Menschen untertan» seien. Aischylos hat einige Jahre später in den «Hiketiden» in der Wendung «die herrschende Hand des Volkes» eine prägnante Definition der sich entwickelnden demokratischen Verfassung gegeben. Seine «Orestie» von 458 v. Chr. war ein Lehrstück für den Sieg des neuen Rechts nach der Entmachtung des alten Adelsrates, des Areopags. In der «Antigone» thematisierte Sophokles 442 v. Chr. die Kollision zwischen dem von der Polis gesetzten Recht und den ungeschriebenen Gesetzen sittlicher Verpflichtung. Die Tragödien hatten mithin Anteil an dem Prozeß der politischen Identitätsfindung, indem sie an bekannten Mythen dem einzelnen Bürger und der Polisgemeinschaft die Normen für verantwortungsbewußtes Handeln vermittelten.

54. Was ist die Akropolis? Akropolis meint allgemein die befestigte Höhensiedlung eines griechischen Stadtstaates. Heute bezeichen wir mit dem Wort speziell den Tempelkomplex, der im 5. Jh. v. Chr. auf dem Burgberg von Athen entstand.

Die Perser hatten 480 v. Chr. die Anlage aus der frühen Zeit zerstört. Der klassische Ausbau der Akropolis begann um 449/48 v. Chr. Dort befindet sich das städtische Haupttheiligtum, der Parthenon, der zwischen 448 und 432 errichtete Tempel der Athena auf der Akropolis. Im Parthenon wurden der Schatz der Athena Polias («der Beschützerin der Stadt») und die Kasse des Delisch-Attischen Seebundes verwahrt. Die bereits 438 v. Chr. geweihte, von Pheidias geschaffene Gold-Elfenbein-Statue der Athena Parthénos (der «jungfräulichen» Athene) wurde im Innenraum, in der Cella, durch das an Säulen und Wänden vielfach gebrochene Licht erhellt, das durch die Tür und zwei (hier zum ersten Mal für eine Cella belegte) Fenster fiel. Auf dem Rundschild des 12 m hohen Standbildes der Göttin war die Amazonenschlacht dar-

Abb. 5: Die Akropolis nach der Neugestaltung in Perikleischer Zeit

gestellt, in der Theseus gegen die Amazonen kämpfte. Die Statue ist nicht mehr erhalten, wurde aber vielfach kopiert und mehrfach beschrieben. Der großartige Skulpturenschmuck des Tempels, der in der Forschung unterschiedlich gedeutet wird, vergegenwärtigte mythisches und historisches Geschehen, das mit der Geschichte und Politik Athens in engstem Zusammenhang stand und der Selbstdarstellung der athenischen Polisgemeinschaft diente. Der Ringhallentempel («Peripteros») mit 8 x 17 Säulen war in byzantinischer Zeit eine christliche Kirche und unter den Türken eine Moschee. 1687 wurde er durch die Explosion eines Pulverlagers schwer beschädigt.

Den heiligen Bezirk betritt man durch die Propyläen. Der Außenbau der Toranlage weist eine sechssäulige Tempelfront auf; im Innern überbrücken sechs schlanke Säulen den beträchtlichen Höhenunterschied zwischen Ost- und Westfassade. Auf dem Plateau finden sich zudem das Heiligtum der «Siegbringenden Athena» (Athena Nike), ein kleiner, reich geschmückter Tempel, und das Erechtheion. Das Bauwerk, das seinen Namen dem Kultmal des mythischen Königs Erechtheus verdankt, sollte den alten Athenatempel ersetzen und zahlreiche andere Heiligtümer aufnehmen, die in seinem Bereich seit alters lagen. Dies erklärt seine ungewöhnliche Form mit vielfältiger Raumteilung auf unterschiedlichen Niveaus im Innern und andersartigen Fassaden auf allen Seiten. Im Süden findet sich eine kleine Halle, deren Gebälk von sechs Mädchen («Koren») getragen wird. Diese weiblichen Stützfiguren werden auch «Karyatiden» genannt und wurden in der europäischen Baugeschichte oft kopiert. Im Innern dieser Korenhalle führt eine Treppe zum Heiligtum des Kekrops, des mythischen Urkönigs von Athen.

Das umfassende Bauprogramm wurde häufig Perikles und seinem kongenialen künstlerischen Berater Pheidias zugeschrieben. Doch über die öffentlichen Bauprogramme beschloß die Volksversammlung (Ekklesie), die Vorgaben bis in das kleinste Detail machen konnte. Die Ekklesie wählte einen leitenden Architekten, der die technische Aufsicht hatte, und eine Kommission von (jährlich gewählten und wiederwählbaren) Beamten, die Aufträge vergaben, Rechnungen prüften und das Budget verwalteten. Die Vorstellung einer einheitlichen Bauführung durch Perikles und Pheidias widerspricht auch der demokratischen Praxis in Athen – und widerspricht dem archäologischen Befund, der viele unterschiedliche Werkstätten nachgewiesen hat.

Durch den Ausbau der Akropolis vergewisserte sich die Polis der eigenen Größe und Bedeutung und verkündete ihren Ruhm den Mitgliedern des Seebundes, der an der Finanzierung beteiligt wurde, und darüber hinaus allen griechischen Stadtstaaten.

55. Welche Bedeutung hatte die Redekunst in der athenischen Demokratie? Die Reden des Demosthenes aus dem vierten vorchristlichen Jahrhundert waren über zwei Jahrtausende fester Bestandteil des abendländischen Bildungskanons. Sie galten als Modell rhetorischer Brillanz und stilistischer Perfektion. Wer etwas auf sich hielt, übersetzte sie aus dem altgriechischen Original in seine Muttersprache. Demosthenes hieß kurz «der Redner», so wie man Homer einfach «den Dichter» nannte.

Die Demokratie des 4. Jh. s v. Chr. war eine lebendige Zivilgesellschaft, in der die politische Freiheit, an den demokratischen Institutionen teilzuhaben, ebenso leidenschaftlich verteidigt wurde wie die individuelle Freiheit zu leben, wie es einem gefiel. In der Volksversammlung und vor den Geschworenengerichten mußten wie schon im 5. Jh. v. Chr. Mehrheiten gewonnen werden. Es hieß, durch die Kraft der Argumente und die Macht des Wortes zu überzeugen. Redefreiheit war ein hohes Gut. Wer im öffentlichen Raum der athenischen Demokratie als Politiker Erfolg haben wollte, mußte zunächst und vor allem reden können, wie das Beispiel des Demosthenes (384–322 v. Chr.) eindrucksvoll zeigt. Früh hatte er seinen Vater, einen reichen Waffenfabrikanten, verloren und mußte, kaum volljährig, auf dem Klageweg von seinen Vormündern das veruntreute Vermögen zurückfordern. Sein Geld investierte er in ein spezielles Trainingsprogramm, um den Herausforderungen der politischen Arena gewachsen zu sein und um Aussprache und Stimmkraft zu schulen. So machte er Sprechübungen im raschen Lauf bergan und deklamierte lange Texte mit einem Kieselstein im Mund. Wie viele seiner Kollegen begann Demosthenes als Redenschreiber für wohlhabende Klienten in Privatprozessen.

Die politische Bühne betrat Demosthenes mit Anklagen gegen einzelne Spitzenpolitiker. Solche Prozesse dienten der Entscheidungsfindung in kontroversen Fragen. Vor den großen Geschworenengerichten wurde über die Außen- und Sicherheitspolitik gestritten, aber auch über die Reform des Sozialstaates und ein ‹Bündnis für Arbeit›. Sein eigentliches Profil als Redner gewann Demosthenes jedoch in der Auseinandersetzung mit dem dynamisch expandierenden Makedonien. Kein anderes Thema polarisierte seit den 350er Jahren die athenische Innenpolitik stärker. Wie sollte man es mit dem makedonischen König Philipp II. halten, der sich den Griechen als Wohltäter aufdrängte und sich an die Spitze eines großen panhellenischen Rachezuges gegen das Perserreich setzen wollte? Harte ideologische Gegensätze prallten aufeinander, um Freiheit und Autonomie wurde in der Volksversammlung heftig gerungen. In den vier «Philippischen Reden» wandte sich Demosthenes direkt gegen den König. Doch sein Kampf mit Worten war letzlich erfolglos. 338 v. Chr. besiegte Philipp die hellenische Koalition bei Chaironeia in Boiotien. Die Schlacht, an der Demosthenes als einfacher Hoplit teilnahm, entschied über das Schicksal Griechenlands. Philipp, der am Ende des Tages ein Festmahl auf dem Schlachtfeld inmitten der Leichen hielt, war der Hegemon von Hellas.

56. Wie entwickelte sich die griechische Geschichtsschreibung? Die Geschichtsschreibung ist eine Gattung der antiken Literatur, deren Anfänge in das 5. Jh. v. Chr. zurückreichen. Als Vater der Geschichtsschreibung gilt seit der Antike Herodot aus dem kleinasiatischen Halikarnaß (484–424 v. Chr.), der auf der Grundlage eigener Erkundungen («Autopsie») die Perserkriege (500–479 v. Chr.) in das Zentrum seiner Darstellung stellte. Der Begründer der historischen Methode war der Athener Thukydides (ca. 460–400 v. Chr.), dessen Werk den Peloponnesischen Krieg (431–404 v. Chr.) behandelt.

Seit dem 4. Jh. v. Chr. und besonders nach dem Tod Alexanders des Großen 323 v. Chr. wurden Geschichtswerke in großer Zahl und mit sehr unterschiedlichen Zugriffsweisen geschrieben. Bis auf wenige Ausnahmen sind diese Darstellungen allerdings vollständig verloren. Die hellenistische Historiographie ist durch eine Vielfalt der Themen und durch die hohe Kunst der formalen Gestaltung gekennzeichnet. Dabei konnte der Autor zwischen verschiedenen Richtungen wählen oder einzelne Elemente verbinden. Die ‹rhetorische› Geschichtsschreibung strebte nach dem Vorbild des athenischen Rhetors Isokrates (436–338 v. Chr.) die kunstvolle stilistische Form an, die ‹tragische› wollte die Ereignisse mit dramatischen Mitteln bildhaft und eindrücklich darstellen; demgegenüber forderte Polybios (ca. 200–120 v. Chr.) eine nüchterne, für Politiker und Feldherren relevante (daher ‹pragmatische›) Tatsachen- und Ursachenforschung nach dem Vorbild des Thukydides.

Das Thema von Polybios' Weltgeschichte war der die Griechen so sehr verblüffende Aufstieg Roms zur beherrschenden Macht des Mittelmeerraumes. Die einst 40 Buchrollen umfassende Darstellung ist das einzige Geschichtswerk aus hellenistischer Zeit, von dem ein beträchtlicher Teil erhalten ist. Nur in Bruchstücken überliefert sind hingegen die Alexanderhistoriker, die oft Teilnehmer der Feldzüge waren und entweder bereits zu Lebzeiten des Makedonenkönigs oder bald nach dessen Tod damit begannen, ihre Werke zu verfassen. Teils hatte sie Alexander persönlich beauftragt, seine Taten darzustellen, teils fühlten sie sich selbst berufen, über den jungen König zu schreiben.

Der Alexanderzug veränderte das Weltbild grundlegend. Darauf reagierte auch die Historiographie, die zugleich Erkenntnisse der zeitgenössischen Wissenschaften aufgriff. So traten neben die Vertreter der Universal- und Zeitgeschichtsschreibung Aberhunderte von Autoren, die verschiedenste Neben- und Spezialgebiete der Geschichtsschreibung pflegten. Unüberschaubar ist die Zahl derer, die sich der Lokalgeschichte widmeten: Keine Stadt oder Landschaft blieb ohne ihren eigenen Geschichtsschreiber. Diese Forschung erlebte im Athen des 4. und 3. Jh.s v. Chr. ihre größte Blüte; die Verfasser der athenischen Lokalgeschichten heißen nach dem griechischen Wort *atthís* (= attisch) «Atthidographen».

Auch das Interesse für die geschichtliche Überlieferung in bisher unbekannten Regionen der Welt war bei dem gebildeten Publikum groß. Schon im frühen 3. Jh. v. Chr. entstanden in griechischer Sprache verfaßte Abrisse der Geschichte Babyloniens und Ägyptens.

Zahlreiche Historiker schrieben eine gehobene Sachbuchliteratur aus zweiter Hand. Sie sammelten das Material zur Vergangenheit griechischer Landschaften und Städte, zu fremden Völkern und Kulturen, aber auch zu berühmten Persönlichkeiten, zu Festen, Opferriten, Wettkämpfen und zu einer Fülle anderer Themen. Dabei benutzten sie nicht nur literarische Texte. Polemon aus dem kleinasiatischen Ilion, der zu Beginn des 2. Jh.s v. Chr. verschiedene landeskundliche Schriften publizierte, trug den Beinamen «Stelokopas», weil er über jede Steininschrift auf Säulen und anderen öffentlichen Denkmälern herfiel wie der Hungrige über eine gute Mahlzeit.

57. Wer waren die Etrusker? Schon in der Antike galten die Etrusker als ein uraltes Volk, das sich durch Sprache und Gebräuche von seiner Umwelt unterschied. Die literarische Hinterlassenschaft der Etrusker ist vollständig verloren. Die Inschriften sind wenig aussagekräftig. Manches hat die griechische und römische Überlieferung erhalten. Aber die bedeutendsten Quellen für Geschichte, Kultur, Religion und Wirtschaft der Etrusker sind die archäologischen Denkmäler: die Städte, die Grabanlagen («Nekropolen»), die Fresken, die Plastik, die Keramik und zahlreiche Kleinfunde. Die etruskische Kunst, die bis in unsere Gegenwart zahlreiche Bewunderer hat, war stark von Griechenland beeinflußt.

Die Etrusker siedelten zwischen Arno und Tiber. Ihre städtische Kultur war hoch entwickelt und unterschied sie von ihren italischen Nachbarn. Adlige Herren herrschten, und die Frauen genossen ein hohes Ansehen. Die einzelnen etruskischen Städte waren wie die

Abb. 6: Urnendeckel aus Volterra, Museo Etrusco M. Guarnacci (Anfang 1. Jh. v. Chr.). Dargestellt ist ein älteres Ehepaar, das auf dem Totenbett liegt.

griechischen Poleis unabhängig. Sie schlossen sich nicht zu einer politischen Einheit zusammen, sondern gründeten einen lockeren Zwölf-Städtebund. Im 8. und 7. Jh. v. Chr. bauten die Etrusker große Handelsnetze auf, die fast den ganzen Mittelmeerraum umspannten, wie archäologische Funde zeigen. Die Etrusker setzten nicht nur auf militärische Expansion, sondern auch auf wirtschaftliche Durchdringung fremder Gebiete. Im 6. Jh. v. Chr. kolonisierten sie Latium, Kampanien und die Poebene.

Rom wäre ohne Zutun der Etrusker im ausgehenden 7. Jh. v. Chr. nicht zur Stadt geworden. Etruskisch ist der Name Roma, und nach römischer Tradition herrschten Etrusker aus dem Geschlecht der Tarquinier lange Zeit als Könige in Rom. Die Etrusker wurden in einem langen Prozeß, der sich bis in das 1. Jh. v. Chr. erstreckte, zusammen mit anderen regionalen italischen Kulturen Teil des römischen Gemeinwesens. Dennoch blieb die Erinnerung an die Etrusker lebendig. Zahlreiche politische und religiöse Einrichtungen der Römer sind etruskischen Ursprungs: der Goldkranz als Zeichen der Herrschaft, das Rutenbündel mit dem Beil (*fasces*), mit dem die höheren römischen Magistrate ihre Amtsgewalt symbolisierten, und die Vorzeichenschau der *haruspices* (die sogenannte *disciplina Etrusca*), mit deren Hilfe die etruskischen Seher den Willen der Götter erforschten.

Die archäologische Forschung hat auf die Frage nach der Herkunft der Etrusker, die schon antike Autoren kontrovers diskutierten, eine differenzierte Antwort gefunden. Jahrhundertelang standen sich in der wissenschaftlichen Diskussion zwei Lager gegenüber: Die einen behaupteten, die Etrusker seien alteingesessene Ureinwohner («Autochthone») gewesen, die anderen sahen in ihnen Einwanderer aus Kleinasien. Heute geht die Forschung davon aus, daß die Etrusker nicht bereits als homogenes Volk existierten, als sie in das Licht der Geschichte traten, sondern sich aus unterschiedlichen Bevölkerungsgruppen zusammensetzten, die in einem langen, durch verschiedene Faktoren (Wanderungsbewegungen, wirtschaftlicher und kultureller Austausch, Kriege) beeinflußten Prozeß zu einem Volk wurden. Diese – auch bei anderen antiken Völkern wie Alamannen und Goten zu beobachtende – Entstehung einer Kultur- und Lebensgemeinschaft wird Ethnogenese genannt.

58. Was lernten die Römer von den Griechen? Roms Aufstieg zur beherrschenden Macht im ganzen Mittelmeerraum ging einher mit einer tiefgreifenden Veränderung der Lebensführung und der Mentalität der Oberschicht, die immer stärker von griechischen Vorstellungen und Ausdrucksformen geprägt wurde. Dieser kulturelle Anpassungsprozeß wird in der Forschung allgemein als «Akkulturation» bezeichnet. Das allmähliche Eindringen der griechischen Kultur in Rom hingegen wird mit dem Begriff «Hellenisierung» umschrieben; das Wort leitet sich von der Bezeichnung der Griechen als «Hellenen» ab.

Der römische Dichter Horaz hat zur Zeit des Kaisers Augustus (27 v. Chr.–14 n. Chr.) bemerkt, daß das eroberte Griechenland (*Graecia capta*) den rohen Sieger erobert und die Künste in das bäurische Latium eingeführt habe (Episteln 2,1,156 f.). Tatsächlich lernten die Römer die griechische Kultur aber nicht erst mit der Eroberung Griechenlands im 2. Jh. v. Chr., sondern bereits im 4. Jh. v. Chr. in den griechischen Städten in Süditalien kennen. Römische Adlige ließen sich nicht nur von griechischen Denkmälern und Bauten inspirieren: Sie sollen Ende des 4. Jh.s v. Chr. begonnen haben, sich nach dem Vorbild Alexanders des Großen zu rasieren – und holten Barbiere aus dem griechischen Sizilien nach Rom.

Seit dem 3. Jh. v. Chr. kamen ungeheure Mengen von Kunstwerken aus dem griechischen Osten nach Rom. Sie wurden in den Häusern und Gärten der reichen Römer aufgestellt. Die geraubten Statuen und Bilder dienten römischen Künstlern wiederum als Vorbild für ihr eigenes Schaffen. So sind griechische Kunstwerke oft nur durch ihre römischen Kopien bekannt.

Unter den Gefangenen und Geiseln, die nach Italien verschleppt wurden, befanden sich Dichter, Philosophen und Historiker. Sie beeinflußten die Entwicklung der lateinischen Literatur nachhaltig. Alle literarischen Gattungen außer der Satire sind dem Vermächtnis der Griechen verpflichtet. In der Mitte des 3. Jh.s v. Chr. veröffentlichte Livius Andronicus, ein ehemaliger Kriegsgefangener, den ein adliger Römer freigelassen hatte, die erste lateinische Übersetzung der «Odyssee» und begeisterte gebildete Römer mit seinen Übertragungen griechischer Tragödien und Komödien. Die römischen Komödiendichter Plautus (ca. 250–184 v. Chr.) und Terenz (ca. 195–159 v. Chr.) bearbeiteten für ihre Stücke griechische Vorlagen und erreichten ein breites Publikum.

Die Griechen Timaios (ca. 350–260 v. Chr.) und Polybios (ca. 200–120 v. Chr.) waren die ersten Historiker, die Roms Aufstieg zur Großmacht darstellten. Während des Zweiten Punischen Krieges begannen römische Aristokraten, sich mit der Geschichte Roms zu befassen. Ihre Darstellungen schrieben sie zunächst in griechischer Sprache.

Die Hellenisierung der Oberschicht stieß in Rom auch auf Widerstand. Die Lebensart aus dem Osten, so klagte Marcus Porcius Cato (234–149 v. Chr.), zerstöre das alte römische Wertesystem (*mos maiorum*). Die luxuriöse Ausstattung privater Häuser nach griechischem Vorbild wurde ebenso kritisiert wie eine raffinierte Küche. Der Koch, der früher der wertloseste und unnützeste Sklave war, galt jetzt in vornehmen Kreisen als ein Künstler. Oft kam er wie der Hauslehrer, der die Kinder der Reichen unterrichtete, aus dem griechischen Osten.

Doch die Kritik war letztlich wirkungslos. Ein vornehmer Römer mußte nicht nur die griechische Sprache beherrschen, sondern bei einem griechischen Redelehrer Unterricht nehmen. Die adligen Römer wetteiferten in Ausstattung und Luxus ihrer Stadthäuser und Villen miteinander. Bibliotheken und Kunstwerke wurden zu unverzichtbaren Statussymbolen. Die Aneignung griechischer Bildung und Kultur war Teil der aristokratischen Selbstdarstellung.

59. Wie war ein römisches Haus gebaut? Das Stadthaus eines römischen Aristokraten, eine *domus*, war ein prächtiges Wohngebäude, das über zahlreiche Räume verfügte. Es war nach außen abgeschlossen. Wer von der Straße in das Haus eintreten wollte, mußte zunächst an eine schwere Haustür klopfen. Durch den Vorraum gelangte er in das Atrium, den baulichen Mittelpunkt des Hauses und zugleich den Lebensmittelpunkt der ganzen Familie: Es handelte sich um einen großen Raum mit einem Wasserbecken in der Mitte, in dem das Regenwasser aufgefangen wurde. Das Atrium war überdacht, nur über dem Becken, dem *impluvium*, hatte das Dach eine Öffnung. Um das Atrium gruppierten sich verschiedene Räume, die zum Wohnen und Arbeiten dienten. Die Privat- und Schlafzimmer der Familie (*cubicula*) fanden sich ebenfalls in diesem Trakt. Im hinteren Teil gab es zudem türlose Seitenräume (*alae*), die unterschiedlich genutzt wurden: als Abstellkammer, Garderobe und Raum für die Ahnenbilder.

Die wichtigsten und schönsten Räume lagen gegenüber dem Eingang. Dort gab es den Empfangsraum, das *tablinum*, in dem der Hausherr seine Gäste begrüßte. Durch dieses nach beiden Seiten offene Zimmer gelangte man in den zweiten Teil des Hauses, der prächtig gestaltet sein konnte. Hier lag das große Speisezimmer, das *triclinium*, das bei besonderen Anlässen genutzt wurde und das wie das *tablinum* des Hausherrn mit Wandbildern geschmückt war.

Der Garten war rings mit Säulen umgeben («Peristyl-Garten»). Auf der freien Grünfläche wuchsen immergrüne Sträucher, kleine Bäume und bunte Blumen. Häufig gab es Wasserspiele wie Springbrunnen, Wasserläufe und Teiche, und in keinem Garten fehlten Statuen.

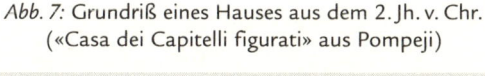

Abb. 7: Grundriß eines Hauses aus dem 2. Jh. v. Chr. («Casa dei Capitelli figurati» aus Pompeji)

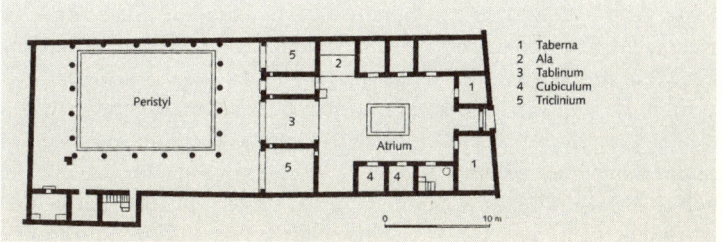

Zu dem Haus gehörten auch zwei oder mehrere Wirtschafts-
räume für handwerkliche Produktion, Verkauf oder Bewirtung
(*tabernae*), die sich zur Straße hin öffneten, mit dem Wohnbereich
aber nicht verbunden waren.

Der häusliche Bereich der *domus* galt als *res privata*, während der
die Häuser übergreifende Bereich des Gemeinwesens als *res publica*
bezeichnet wurde. Die Gleichsetzung dieser beiden Sphären, in
denen sich die Römer bewegten, mit «privat» und «öffentlich» ist
zwar weit verbreitet, aber irrig, denn die vermeintliche «Privatsphäre»
des römischen Hauses war alles andere als «privat» im heutigen
Sinn: In der *domus* wurden die Klienten empfangen, öffentliche
Angelegenheiten besprochen und politische Freundschaften
gepflegt.

Der Unterschied zwischen Arm und Reich war in Rom nirgends
deutlicher zu sehen als bei den Wohnverhältnissen. Nur reiche
Römer konnten sich eine *domus* leisten. Die Mehrzahl der Stadtbevölkerung hauste in stickigen, engen und dunklen Zimmern einer
mehrstöckigen Mietskaserne (*insula*) und mußte auf Heizungen,
sanitäre Einrichtungen und Küchen verzichten.

60. Warum ist Cicero berühmt? Die Leistungen des M. Tullius
Cicero (106–43 v. Chr.) für die lateinische Literatur und Philosophie
sind unbestritten. Die größte Wirkung hatte Cicero als stilistisches
und sprachliches Vorbild; er wurde bereits in der Antike zum
‹Klassiker› der lateinischen Sprache. Seine Reden wurden bis in die
Neuzeit als rhetorische Muster gelesen und analysiert. In seinen
theoretischen Werken vermittelte er seinem lateinischen Publikum
die Terminologie und die zentralen Inhalte der griechischen Philosophie.

Seine herausragenden sprachlichen und rhetorischen Fähigkeiten waren in der römischen Gesellschaft, in der der öffentlichen
Rede größte Bedeutung zukam, die beste Voraussetzung für eine
politische Karriere. Cicero wurde 69 v. Chr. zum Ädilen, 66 v. Chr.
zum Prätor und 63 v. Chr. schließlich zum Konsul gewählt. Aber war
er auch als Politiker, wie er selbst geglaubt hat, bedeutend?

Theodor Mommsen (1817–1903) meinte, Cicero sei «als Staats-
mann ohne Einsicht, Ansicht und Absicht» gewesen. «Eigentlich von
keiner Partei oder, was ziemlich dasselbe ist, von der Partei der
materiellen Interessen», sei er «nie mehr gewesen als ein kurzsich-

tiger Egoist», «an Worten, wie er selber sagte, überreich, an Gedanken über alle Begriffe arm». Mommsens Urteil war einseitig. Er strafte in Cicero den innenpolitischen Gegner seines Helden Caesar ab. Dennoch haben sich ihm viele Historiker angeschlossen und Cicero als Wichtigtuer und Versager geschmäht.

In der Tat machte Cicero viele Worte um seine tatsächlichen oder vermeintlichen Erfolge. Sein Eigenlob, das nicht nur Mommsen abstieß, erklärt sich aus der Notwendigkeit, daß er als sozialer Aufsteiger, als *homo novus*, vor der römischen Senatsaristokratie seine persönlichen Leistungen als Grundlage für seine neuerworbene gesellschaftliche Stellung ständig betonen mußte.

Cicero kämpfte sein Leben lang für die römische Republik und gegen jede Form der Alleinherrschaft. Seine Sternstunde hatte er während seines Konsulates im Jahre 63 v. Chr., als er eine Verschwörung gegen die *res publica* aufdeckte, die ein gewisser Catilina angezettelt hatte.

Im Frühjahr 49 v. Chr. versuchte er, den Bürgerkrieg zu vermeiden und Caesar zum Einlenken zu bewegen. Erst als er mit seinen Bemühungen gescheitert war, folgte er, sozusagen in letzter Minute, Pompeius nach Griechenland. Nach Caesars Sieg forderte Cicero die Ermordung des ‹Tyrannen› aus politischen und moralischen Gründen. Nach den Iden des März griff er in vielen Reden Marcus Antonius scharf an, weil auch dieser danach trachtete, die Republik zu zerstören. Seinen Mut bezahlte er teuer: Nachdem sich die mächtigsten Politiker zum sogenannten Zweiten Triumvirat zusammengeschlossen hatten, ließ Antonius als Mitglied dieses Dreimännerbundes ihn auf die Proskriptionslisten setzen. Cicero wurde geächtet und sein Vermögen beschlagnahmt. Am 7. Dezember 43 v. Chr. wurde er auf der Flucht vor den Häschern ermordet.

Cicero besaß großes politisches Talent, sein Handeln blieb aber ohne langfristigen Erfolg. Weshalb? Es wäre falsch, ihm zu unterstellen, daß er opportunistisch zwischen den verschiedenen Positionen hin und her geschwankt sei und deshalb nichts habe bewirken können. Sein Ziel war immer klar: die Verteidigung der alten aristokratischen Ordnung. Für sie stritt er in Wort und Schrift. Aber seine innenpolitischen Gegner waren zu mächtig.

61. Wie veränderten sich Kunst und Literatur unter der Herrschaft des Augustus? Nicht nur die Leistungen und Erfolge der

Innen- und Außenpolitik kennzeichneten das Zeitalter des Augustus, sondern auch eine einzigartige Blüte von Literatur und Kunst. Innerhalb von zwanzig Jahren legten Vergil (70–19 v. Chr.), Horaz (65–8 v. Chr.), Tibull (50–19 v. Chr.), Properz (47–2 v. Chr.) und Ovid (43 v. Chr.–17/18 n. Chr.) ihre Meisterwerke vor. Die Auseinandersetzung mit den griechischen und hellenistischen Vorbildern wurde selbstbewußt geführt: Vergil trat mit Homer (8. Jh. v. Chr.) in Wettstreit, Horaz mit Alkaios (um 600 v. Chr.) und Properz mit Kallimachos (ca. 305–245 n. Chr.).

Großen Einfluß auf die Poeten hatte Maecenas, der Freund und Vertraute des Augustus, der die vielversprechenden jungen Talente auswählte und sie großzügig unterstützte. Der Kreis des Maecenas gründete sich auf enge persönliche Verbindungen. Die literarische Avantgarde bearbeitete jetzt auch politische Themen. Vergil schuf in seiner «Aeneis» das römische Nationalepos, das die Vergangenheit Roms mit der Geschichte Trojas verband und den Anspruch auf römische Weltherrschaft formulierte; von den Irrfahrten und Abenteuern des Aeneas zog Vergil eine Linie in die Gegenwart und feierte im sechsten Buch den Prinzeps als «Sproß der Götter». Horaz schrieb nicht nur seine berühmten «Römeroden», sondern auch das *carmen saeculare*, jenes Lied, das bei den Saecularspielen des Jahres 17 v. Chr. gesungen wurde, als Augustus mit großem Aufwand ein neues Saeculum, ein neues Zeitalter, beginnen ließ. Diese Dichtung spiegelte und stützte das neue System, aber sie war keine Auftragsarbeit.

Die römische Geschichte stellte Titus Livius (59 v. Chr. bis 17 n. Chr.) in 142 Büchern *ab urbe condita* dar, d. h. von der Gründung der Stadt Rom bis zum Jahr 9 v. Chr. Sein monumentales Historienwerk paßte in eine Zeit, die durch die von Augustus betriebene Restauration von Moral und Religion geprägt war: Livius glorifizierte die republikanische Vergangenheit und pries die altrömischen Tugenden.

Die Herrschaft des Augustus hatte auch Folgen für die bildende Kunst. Sie orientierte sich am Modell der griechischen ‹Klassik› des 5. und 4. Jh.s v. Chr. Ein vorzügliches Beispiel stellt das offizielle Bildnis des Prinzeps dar, das in der Statue von Prima Porta (einem Ort nördlich von Rom) erhalten ist: Sie verleiht dem Kaiserporträt idealisierte Züge und betont seine alterslose Erhabenheit und Würde.

Abb. 8: Kopf der Statue
von Prima Porta

Augustus veränderte das Aussehen der Stadt Rom von Grund auf. Die Fürsorge, aber auch der Machtanspruch des Kaisers wurden überall sichtbar. Der Prinzeps reklamierte für sich, «eine Stadt aus Ziegeln übernommen und eine Stadt aus Marmor hinterlassen» zu haben (Sueton, Augustus 28). In der Tat gestaltete er fast alle öffentlichen Räume und Bauten neu. Auf dem Forum Romanum entstanden der Tempel des vergöttlichten Caesar (*Divus Iulius*) und ein neues Senatsgebäude (*Curia Iulia*). Zum repräsentativen Zentrum seiner Herrschaft wurde das 2 v. Chr. eingeweihte Augustus-forum mit dem Tempel des Mars Ultor («Rächer»). Hier entschied der Senat über Krieg und Frieden, von hier zogen die Statthalter in ihre Provinzen, und hier wurden auswärtige Herrscher begrüßt.

Auf dem Marsfeld ließ Augustus ein riesiges Mausoleum als Denkmal seiner Herrschaft bauen, das in seinen Dimensionen alle Grabmäler römischer Adliger übertraf. Auch die Umgebung wurde nach einem ausgeklügelten System neu gestaltet. Der Senat ließ zu Ehren des Augustus 13 v. Chr. einen Altar des Friedens (*ara Pacis*) aufstellen, der den ‹Friedensfürsten› und Begründer der *pax Augusta* unsterblich machte; zudem wurde als Siegesmonument eine riesige Sonnenuhr mit einem ägyptischen Obelisken als Schattenzeiger errichtet.

Augustus verstand es vorzüglich, die «Macht der Bilder» (Paul Zanker) einzusetzen, um sich selbst darzustellen und seine Herrschaft zu sichern.

62. Gab es in Rom literarische Kritik an gesellschaftlichen Mißständen?

Kritik an der gegenwärtigen Gesellschaft wurde in der Antike häufig geäußert. Soziale Mißstände prangerte Hesiod um 700 v. Chr. in seinem Epos «Werke und Tage» ebenso an wie der Athener Aristophanes (ca. 450–385 v. Chr.) in seinen Komödien und die römischen Dichter Horaz (65–8 v. Chr.) und Juvenal (55–130 n. Chr.) in ihren Satiren. Die gesellschaftlichen Zustände der frühen Kaiserzeit kritisierte Marcus Valerius Martialis (ca. 38/41–102/4 n. Chr.). Sein Werk, das vollständig auf uns gekommen ist, enthält wichtige sozialhistorische Informationen.

Martial ist der berühmteste römische Epigrammatiker. Ein Epigramm bezeichnete ursprünglich eine kurze Versinschrift auf Vasen, Bechern, Weihgaben oder Grabmonumenten. Doch bereits im Griechenland des 5. Jh.s v. Chr. verlor das Epigramm seine Aufschriftfunktion und entwickelte sich zu einer literarischen Gattung. Das Epigramm als kleines Gedicht brachte jetzt pointiert persönliche Stimmungen und Erlebnisse zum Ausdruck. Die Inhalte waren sehr vielfältig.

Über Martials Leben wissen wir wenig. Um 40 n. Chr. wurde er in Spanien geboren, erhielt eine gute literarische Ausbildung und lebte ab 64 n. Chr. in Rom, wo er Klient seiner Landsleute Seneca und Lucan war. Martial erlangte durch seine Gedichte die Gunst der Kaiser Titus und Domitian, die ihm sogar den Rang eines römischen Ritters verliehen. Spätestens seit den 80er Jahren war er wohlhabend und besaß ein Stadthaus sowie ein Landgut nahe Rom. Seine Biographie zeigt, daß ein erfolgreicher Schriftsteller aus der Provinz im kaiserzeitlichen Rom sehr wohl Karriere machen konnte, wenn er über einen einflußreichen Gönner verfügte, wie ihn Horaz und Vergil zur Zeit des Augustus in Maecenas gefunden hatten.

In der Sprache seiner Zeit machte sich Martial in seinen Epigrammen über das typische Großstadtleben und über die römische Gesellschaft lustig, die sich dem Luxus, der Völlerei, der Habgier und sexuellen Perversionen hingab. In grellen Farben karikierte er das Klientelwesen seiner Zeit. Nach Tacitus (ca. 55–120 n. Chr.) erhöhten die großen Familien der frühen Prinzipatszeit zwar nicht mehr ihren politischen Einfluß, wohl aber ihr gesellschaftliches Ansehen durch die Zahl ihrer Klienten, die sich mit der Toga angetan zur allmorgendlichen Begrüßung (*salutatio*) im Haus des Patrons einfanden und ihren Fürsprecher durch die Stadt, auf dem Forum und im Bad begleiteten. Der Patron versprach juristischen Beistand und unterstützte seine Klienten durch materielle Leistungen wie Einladungen zum Essen, Lebensmittel zum Mitnehmen oder finanzielle Zuwendungen. Die krassen sozialen und wirtschaftlichen Unterschiede in der kaiserzeitlichen Gesellschaft wurden durch solche «Gesten der Nähe» (Egon Flaig) gemildert.

Martial beschrieb indes nicht konkrete Personen, sondern idealtypische Verhaltensmuster. Dabei erntete keineswegs nur der Typus des arbeitsscheuen Parasiten Hohn und Spott. Seine Verachtung traf Patrone und Klienten, die den traditionellen Normen nicht folgten und das Gebot der Gegenseitigkeit verletzten. Hier kritisierte er die hemmungslosen Schnorrer, die für eine Einladung zum Essen ihre Selbstachtung preisgaben, dort den pflichtvergessenen Patron, der nur auf seinen eigenen Vorteil bedacht war und seine Schutzbefohlenen absichtlich demütigte. Martial zeichnete aus kritischer Distanz ein lebendiges Bild des römischen Alltagslebens im 1. Jh. n. Chr. Er selbst sagte über sein Werk: *hominem pagina nostra sapit* – «nach dem Menschen schmeckt mein Text» (10,4,10).

Bildung und Wissen

63. Kommt das Wissen der Griechen und Römer aus Afrika? 1987 veröffentlichte der angelsächsische Historiker Martin Bernal ein Buch mit dem Titel «Black Athena. The Afroasiatic roots of classical civilization». Der Band machte Furore – zumindest in den Vereinigten Staaten, wo die provozierenden Thesen eine noch immer nicht abgeschlossene Debatte über die Ursprünge der griechischen und damit der europäischen Kultur auslösten. In Europa und insbesondere in Deutschland wurde der bisweilen heftig und emotional ausgetragene Streit nur am Rande zur Kenntnis genommen. Worum geht es also?

Bernal wollte nachweisen, daß Griechenland vom dritten Jahrtausend bis in das 12. Jh. v. Chr. nachhaltig von Ägypten geprägt worden sei. Angeblich sei dieser Einfluß von der Antike bis in das 18. Jh. nie in Frage gestellt worden; erst eine rassistische Geschichtsschreibung im 19. und 20. Jh. habe die ägyptischen Wurzeln der westlichen Zivilisation geleugnet.

Die Argumente, die Bernal für seine Theorien anführt, überzeugen nur in den seltensten Fällen. So gibt es keinen einzigen Hinweis, daß der kretische Stierkult im 21. Jh. v. Chr. aus Ägypten übernommen worden sei, und seine Versuche, für griechische Wörter eine ägyptische Etymologie zu konstruieren, sind durchweg gescheitert. Die Kritik an seinen Ausführungen war zu Recht scharf, und seine Thesen haben sich aus gutem Grund weder in den klassischen Altertumswissenschaften noch in der Ägyptologie durchgesetzt.

Die Diskussionen um «Black Athena» zeigen aber, wie sehr aktuelle politische Strömungen auch die Wissenschaft vom Altertum beeinflussen können. Das Buch ist vor dem Hintergrund des sogenannten Afrozentrismus zu lesen, einer Bewegung in den USA, die den Afroamerikanern ihre Identität zurückgeben möchte und sich als Antwort auf eine weiße, europäisch geprägte Mehrheitskultur versteht, die Farbige ausgrenzt. Das berechtigte Anliegen wird allerdings durch offenkundige Geschichtsklitterungen geschwächt. So versteigen sich manche Aktivisten zu den aberwitzigen Behauptungen, die Griechen hätten aus Afrika die Philosophie geraubt, und die Ägypter ihrerseits seien Schwarzafrikaner gewesen.

Die seriöse Forschung hat sich längst von der eurozentrischen Betrachtung der außereuropäischen Zivilisationen verabschiedet

Zeichen

der großen Schrift	der kleinen Schrift
A	α
B	β
Γ	γ
Δ	δ
E	ε
Z	ζ
H	η
Θ	ϑ
I	ι
K	$\varkappa$
Λ	λ
M	μ
N	ν
Ξ	ξ
O	o
Π	π
P	ϱ
Σ	σ, ς
T	τ
Y	υ
Φ	φ
X	χ
Ψ	ψ
Ω	ω

Abb. 9: Griechisches Alphabet

und den nachhaltigen Einfluß des Nahen Ostens (und erst in zweiter Linie Ägyptens) auf das frühe Griechenland erkannt und die engen Verflechtungen der beiden Kulturzonen seit dem Ende des 2. Jahrtausends v. Chr. eingehend untersucht. Die Griechen profitierten in vielerlei Hinsicht vom Orient, mit dem sie über ein enges Handelsnetz eng verbunden waren. Dabei achteten sie auf ihre politische Unabhängigkeit und übten sich im freien Umgang mit fremden Kulturgütern, die sie ihren Erfordernissen anpaßten. Das beste Beispiel ist das griechische Alphabet, das die Griechen sehr wahrscheinlich im 9. Jh. v. Chr. von den Phöniziern übernahmen und durch die Hinzufügung von Vokalzeichen umgestalteten. Damit schufen sie die Grundlage für alle europäischen Alphabete.

64. Was verstanden die Griechen unter Barbaren? Am Rande der zivilisierten Welt, so wurde die antike Ethnographie nicht müde zu betonen, lebten wilde und rückständige Völker: menschenfressende Kyklopen, furchteinflößende Amazonen, zwergwüchsige Pygmäen und Enotokoiten – Menschen mit so großen Ohren, daß sie sich damit beim Schlafen zudecken konnten. Griechische Autoren entwickelten Typologien der Lebens- und Ernährungsweise, unterstellten weitentfernten Völkern Kannibalismus und Promiskuität, beschrieben in grellen Farben Menschenopfer und Inzest, suchten andererseits aber auch nach dem ‹edlen Wilden›.

Die literarischen Stereotypen, die die griechische Ethnographie von den Fremden verbreitete, behinderten jedoch nicht die intensiven Beziehungen der Griechen zur nichtgriechischen Außenwelt. Im Gegenteil: Namhafte griechische Poleis unterhielten in archaischer Zeit (8. bis 6. Jh. v. Chr.) enge politische und wirtschaftliche Kontakte zu den Hochkulturen des Vorderen Orients. Die griechische Literatur, Kunst und Philosophie entwickelte sich während dieser Epoche in steter Auseinandersetzung mit den Leistungen und Errungenschaften der benachbarten Großreiche.

Ein gemeingriechisches, ‹panhellenisches› Bewußtsein entstand erst im Zuge der griechischen Kolonisation, die seit dem 8. Jh. v. Chr. die Gründung von zahlreichen Siedlungen («Apoikien») an den Küsten des Mittelmeers und des Schwarzen Meeres zur Folge hatte. Das Bewußtsein der Zusammengehörigkeit wurde durch den Kontakt mit der nichtgriechischen Außenwelt gefördert; jetzt berief man sich auf eine gemeinsame Sprache und Religion und konstruierte eine gemeinsame Abstammung. Fremde und nicht griechisch sprechende Völker wurden als «Barbaren» bezeichnet; dieses laut-malende Wort sollte ausdrücken, daß sie für die Ohren der Griechen unverständliche Laute ausstießen. Als entscheidendes Distinktions-merkmal zwischen Barbaren und «Hellenen» wurde also die Sprache angesehen.

In der gelehrten Diskussion gibt es keinen Konsens darüber, ob der Barbarenbegriff schon in der Frühzeit abwertend gebraucht wurde. Unstrittig aber ist, daß er spätestens seit den Perserkriegen eine negative Bedeutung hatte. Denn der Sieg über die Perser, die als Barbaren diskriminiert wurden, steigerte das griechische Selbst-bewußtsein, begründete den Gegensatz zwischen Griechen und Persern, d.h. zwischen griechischer Freiheit und asiatischer Des-potie, und förderte die Ausbildung des Hellenen-Barbaren-Gegen-satzes, der die Entwicklung seit dem 5. Jh. v. Chr. kennzeichnete.

Der gigantische Zuwachs an geographischen Kenntnissen und die Ausdehnung des Erfahrungsraumes durch das Alexanderreich und – später – das Imperium Romanum führten keineswegs zur Revision der traditionellen Vorurteile. Griechische Identität war indes keine Frage der Abstammung oder gar der Rasse, sondern einzig der Bildung. So konnten die Römer mit der griechischen Kultur die Abwertung des Barbaren als «ungebildet» übernehmen. Es entstand das Bewußtsein einer neuen kulturellen Einheit, die sich dadurch definierte, daß die Völker außerhalb des Römischen Reiches als Barbaren wahrgenommen wurden.

Der Barbarenbegriff hat als europäisches «Schlüsselwort» die Antike überdauert und der Ab- und Ausgrenzung von ganz ver-schiedenen Fremden, von Heiden, Moslems und sogenannten Primitiven gedient. So nahmen die europäischen Eroberer die Indianer der Neuen Welt nach den Vorbildern der antiken Eth-nographie wahr, und noch die Darstellung der Perserkriege in der wissenschaftlichen Literatur des 19. und 20. Jh.s ist dem Perser-Griechen- oder Asien-Europa-Gegensatz der antiken Historiogra-phie verpflichtet.

65. Warum waren die Sophisten verrufen? Die Sophisten («Lehrer der Weisheit») waren in der zweiten Hälfte des 5. Jh.s v. Chr. die intellektuelle Avantgarde. Sie interessierte im Gegensatz zu den ionischen Naturphilosophen nicht mehr der Kosmos, d.h. die

Ordnung der Welt, sondern der Mensch und seine Bedürfnisse. Die Philosophie als Lebensform war geboren. Viele der Sophisten, die aus allen Teilen der griechischen Welt in das prosperierende Athen kamen, unterrichteten als «Wanderlehrer» Schüler, vor allem in Rhetorik; manche waren für ihre hohen Honorarforderungen berüchtigt. Den athenischen Politikern gefiel die sophistische Funktionalisierung des Wissens; nicht weniger angetan waren sie von der Lehre, daß der einzelne ein unbedingtes Recht zur Verfolgung seiner Eigeninteressen habe.

Protagoras aus Abdera (ca. 480–410 v. Chr.) ist der älteste Sophist. Er gehörte zum «Beraterkreis» des Perikles, der ihn 443 v. Chr. mit der Ausarbeitung der Gesetze für die Gründung der panhellenischen Kolonie von Thurioi in Süditalien beauftragt haben soll. Von ihm stammt der sogenannte *Homo-mensura*-Satz: «Aller Dinge Maß ist der Mensch, der seienden, daß sie sind, und der nichtseienden, daß sie nicht sind.» Seine Schrift «Über die Götter» begann mit den Worten: «Über die Götter kann ich nichts wissen, weder, daß sie sind, noch, daß sie nicht sind, noch von welcher Gestalt sie sind; denn vieles verhindert ein Wissen: die Dunkelheit der Sache und die Kürze des menschlichen Lebens.» Wegen dieses Satzes soll Protagoras aus Athen verbannt und sein Werk verbrannt worden sein.

Der radikale Skeptizismus, der ethische Relativismus und der religiöse Agnostizismus des Protagoras im besonderen und der Sophisten im allgemeinen stellten die überkommenen Normen in Frage. Deshalb warf man ihnen Asebie («Gottlosigkeit») vor, und ihre Lehren wurden Gegenstand der philosophischen Kritik.

Der Sophist Gorgias, der um 485 v. Chr. in Leontinoi auf Sizilien geboren wurde, war Schüler des Naturphilosophen Empedokles. Angeblich wurde er 109 Jahre alt. Gorgias kam 427 v. Chr. als Leiter einer Gesandtschaft seiner Heimatstadt nach Athen, wo er durch seine rhetorische Brillanz unerhörtes Aufsehen erregte. Die Rede definierte er als Kunst der Menschenführung, Rhetorik als die Kunst der Überredung. Für die athenische Demokratie war die sophistische Rhetorik von großer Bedeutung, da durch sie die «Isegorie», d. h. das gleiche Recht auf Rede, weiter verwirklicht wurde. Jedem Bürger – falls er sich einen Sophisten als Lehrer leisten konnte – wurde ein wichtiges Instrument zur Gestaltung und Beeinflussung der demokratischen Entscheidungsprozesse an die Hand gegeben.

66. Welche Philosophenschulen gab es in der Antike? Die Philosophenschulen entstanden im 4. Jh. v. Chr. Unter den zahlreichen Schülern des Sokrates, der 399 v. Chr. wegen Asebie und Verführung der Jugend in Athen zum Tode verurteilt worden war, gab es verschiedene Philosophen, die eine eigene Schule gründeten. Die bedeutendste wurde von Platon (427–348 v. Chr.) bald nach 387 v. Chr. in einem athenischen Park eingerichtet, der nach dem attischen Heros Akademos benannt war. Die platonische Schule hieß deshalb Akademie. Sie existierte für mehr als 900 Jahre; erst 529 n. Chr. wurde sie geschlossen, als der christliche Kaiser Justinian verbot, in Athen Philosophie und Astronomie zu lehren. Schon die Antike unterschied zwischen der Alten, der Mittleren und der Neuen Akademie. Im 3. Jh. n. Chr. erneuerten Plotin, Porphyrios und Iamblichos den Platonismus; mit einem modernen Begriff wird diese Strömung als «Neuplatonismus» bezeichnet.

Um 335 v. Chr. trennte sich der Platonschüler Aristoteles (384–322 v. Chr.) von der Akademie und gründete in der Wandelhalle («Peripatos») des Lykeion, eines Heiligtums des Apollon Lykeios in Athen, seine eigene Schule der Peripatetiker, die bis in die ausgehende Antike fortbestand. Platons Philosophie mit seiner Ideenlehre und Erkenntnistheorie, seinem utopischen Staatsentwurf und seiner Dialektik und das systematisierende und differenzierende Denken des Aristoteles, der philosophische Spekulation mit empirischer Forschung verband, bildeten die Grundlage allen Philosophierens in der Antike wie in der Neuzeit.

306 v. Chr. gründete Epikur (341–270 v. Chr.) in seinem Garten in Athen die Schule der Epikureer, die bis in das 4. Jh. n. Chr. existierte. Epikur grenzte sich von der platonischen Akademie ab; Ziel seiner Philosophie war ein Leben in Freude, das frei von Schmerz und Furcht sein sollte. Wenige Jahre nach Epikur schuf Zenon von Kition (334–263 v. Chr.) die Schule der Stoiker, die nach ihrem Versammlungsort, der Stoa poikile («bunte Säulenhalle») in Athen, benannt war. Durch Erkenntnis sollte der Mensch zu einem naturgemäßen, sittlich guten Leben geführt werden, das durch Gelassenheit (*apátheia*) und die Beherrschung der Leidenschaften (*ataraxía*) gekennzeichnet war. Für die Entwicklung der stoischen Philosophie waren zunächst Chrysipp (281–208 v. Chr.) und dann Panaitios (180–110 v. Chr.) und Poseidonios (135–51 v. Chr.) von herausragender Bedeutung.

Abb. 10: Schulbildnisse einzelner Philosophen:
(von links nach rechts) Sokrates, Platon, Aristoteles, Zenon, Epikur

Zu diesen vier großen Schulen traten kleinere Gruppen und Strömungen wie die Pythagoreer, die einen charismatisch überhöhten Pythagoras als Ahnvater verehrten (6. Jh. v. Chr.), die Skeptiker, die die Möglichkeit definitiver Erkenntnis der Wahrheit bezweifelten, und die Kyniker, die sich von Diogenes von Sinope (3. Jh. v. Chr.) herleiteten, der den Spitznamen *kýon*, «Hund», trug, weil er völlig bedürfnislos lebte und alle gesellschaftlichen Konventionen mißachtete.

67. Warum lehnte die antike politische Theorie die Demokratie ab? Die Polis war der Bezugspunkt aller politischen Theorie der Griechen. Die verschiedenen Formen der Herrschaft in der Polis wurden bereits im Laufe des 5. Jh.s v. Chr. mit Hilfe des Dreierschemas: Demokratie, Aristokratie (bzw. Oligarchie) und Monarchie (bzw. Tyrannis), klassifiziert. Für die politische Theorie war diese nicht nur beschreibende, sondern auch wertbesetzte Typologie der Verfassungen bis weit in die Neuzeit prägend.

Zentrales Element der Verfassungsdiskussion war zu Beginn des 5. Jh.s v. Chr. die Ablehnung der Tyrannis, die im Gegensatz zur Königsherrschaft grundsätzlich negativ bewertet wurde. Die Entstehung der demokratischen Polis stand im engsten Zusammenhang mit dem Kampf gegen die Tyrannen. Die Oligarchie, die «Herrschaft der wenigen», spielte in den verfassungstheoretischen Überlegungen eine untergeordnete Rolle. Das eindeutig positiv konnotierte Wort Aristokratie («Herrschaft der Besten») begegnet zuerst bei Thuky-dides (ca. 460–400 v. Chr.). Die Debatte um die Demokratie wiederum spiegelt die doppelte Bedeutung des Wortes *demos*: Es bezeichnet die Gemeinschaft aller Bürger oder aber das niedere, ganz seinen materiellen Interessen ergebene Volk, den Pöbel.

Die Verfassungsdiskussion des 5. und 4. Jh.s v. Chr. verallgemeinerte athenische Zustände und wurde von sophistischen Ideen beeinflußt. Die antidemokratische Theoriebildung brachten zunächst athenische Adlige voran, die zwar nicht notwendigerweise ihres individuellen politischen Einflusses beraubt wurden, sich aber gegen die Entmachtung des Adels als Schicht wandten, die eine notwendige Folge des Mehrheitsprinzips der Demokratie war.

Eine anspruchsvolle Theorie der demokratischen Verfassung entwickelte erst die Philosophie des 4. Jh.s v. Chr. Aristoteles fand die klassische Formel, die auf dem Begriff der Freiheit (*eleuthería*) fußte: «Zur Freiheit aber gehört zum einen, daß das Regieren und Regiertwerden reihum geht. Das demokratische Recht ist nämlich die Gleichheit nach der Zahl, nicht nach dem Ansehen, und wo dies als Recht gilt, da muß die Menge die entscheidende Gewalt haben und muß das, was der Mehrheit gut erscheint, auch das Endziel und das Recht sein» (Politik 6,1 [1317b2 ff.]).

Die philosophische Kritik richtete sich gegen die Grundidee der politischen Gleichheit: Diese orientiere sich an der Zahl; wo aber blieben erprobte Prinzipien wie Leistung, Herkunft, Reichtum und Ansehen? Wer sie vergesse, so Aristoteles, schaffe Unrecht. Zudem erfordere das politische Geschäft Erfahrung, Bildung und Sachverstand – Eigenschaften, die die breiten Massen nicht besäßen, so daß ihnen die Urteilsfähigkeit abzusprechen sei. Immer wieder wurde betont, daß man in der Politik wie in allen anderen Lebensbereichen über spezielle Kenntnisse verfügen müsse. Deshalb sei die Besetzung der Ämter durch Los abzulehnen. Darüber hinaus wurde dem Volk vorgehalten, es bereichere sich durch die ‹Diäten›, die für Ratsherrn, Richter, Beamte und – seit 403 v. Chr. – auch für die Besucher der Volksversammlung bezahlt wurden. Zwei Gegenentwürfe waren im 4. Jh. v. Chr. besonders populär: das idealisierte Sparta des sagenhaften Gesetzgebers Lykurg, das Xenophon beschrieb, und ein elitärer Idealstaat, wie ihn Platon konzipierte.

In den hellenistischen Monarchien schwand die Bedeutung der politischen Philosophie. Stoiker und Epikureer suchten bezeichnenderweise nicht mehr nach der besten Verfassung eines Gemeinwesens, sondern nach den individuellen Bedingungen für ein glückseliges Leben.

68. Was wußten Griechen und Römer von Britannien? Angeblich war noch im 1. Jh. v. Chr. die Existenz Britanniens Gegenstand heftiger wissenschaftlicher Kontroversen. Caesar nahm für sich in Anspruch, die Insel entdeckt zu haben. Gut einhundert Jahre zuvor hatte Polybios darauf abgehoben, über den Norden Europas wisse man nichts, und daran werde sich so lange nichts ändern, bis zukünftige Entdeckungsreisen neue Erkenntnisse brächten. Tacitus wiederum setzte die erstmalige Umsegelung Britanniens in die zweite Hälfte des Jahres 84 n. Chr.: Damals sei bestätigt worden, daß es sich um eine Insel handle.

Natürlich war Britannien nicht erst mit den beiden militärischen Kampagnen Caesars in den Jahren 55 und 54 v. Chr. in den Gesichtskreis der antiken Historiker und Geographen getreten. Südengland wurde zunächst von Griechen und Karthagern auf dem Seeweg für den Zinnhandel erschlossen. Der griechische Astronom und Geograph Pytheas aus Marseille erkundete im 4. Jh. v. Chr. den Südwesten der Insel, lobte die Einwohner von Cornwall als besonders gastfreundlich und umschiffte Britannien. Angeblich soll er nach sechs Tagen die sagenumwobene Insel Thule weit im Norden erreicht haben. Wie alle antiken Entdecker versuchte Pytheas zu einer Gesamtschau der Welt und des Ozeans zu gelangen, indem er wissenschaftliche Methoden und empirische Beobachtungen mit wilden Spekulationen verband. Beschrieben wurden nicht nur astronomische und geographische Besonderheiten wie Tageslängen und Meeresströmungen, sondern auch politische und gesellschaftliche Strukturen, religiöse und kultische Einrichtungen sowie Besonderheiten der Wirtschaft und der Lebensweise.

Andere Autoren schrieben über Britannien, ohne die Insel je gesehen zu haben. Zu diesen zählte der Kulturgeograph Strabon (ca. 63 v. Chr.–25 n. Chr.), dessen fast vollständig erhaltenen «Geographika» ältere ethnographische, historische und geographische Fachbücher zusammenfassen. Zugleich feierte Strabon die römische Herrschaft, da sie wie einst Alexanders Feldzüge im Osten jetzt im Norden und Westen der Wissenschaft gänzlich neue Räume zur intensiven Erforschung eröffne. Britannien gehörte nun zur Oikoumene, zur «bewohnten Zone der Erde», über die Rom aufgrund seiner militärischen Stärke herrschte.

Im Zuge der Operationen Caesars änderte sich jedoch die Wahrnehmung Britanniens grundlegend: Waren es zuvor vor allem wirtschaftliche Interessen, hin und wieder auch die wissenschaftlichen Ambitionen eines Gelehrten, die Britannien zum Gegenstand geographisch-historischer Betrachtungen werden ließen, so trat es mit Caesar in den politischen Interessenhorizont Roms. Der Ärmelkanal erwies sich als zu schmal, um die Insel und ihre Bewohner vor der Dynamik der römischen Expansion zu schützen: Unter Kaiser Claudius (41–54 n. Chr.) wurde Britannien zur Provinz. Es blieb unter römischer Herrschaft bis 410 n. Chr.

69. War Mehrsprachigkeit ein antikes Ideal? Auch wenn die Griechen, die ursprünglich verschiedene Dialekte sprachen, zu ihrer nichtgriechischen Umwelt enge politische und wirtschaftliche Beziehungen pflegten, verteidigten sie stets ihre sprachliche und kulturelle Identität. Die Tendenz zur Akkulturation ging grundsätzlich nicht von ihrer Seite aus, sondern von der jeweiligen Umwelt. So haben die Griechen, soweit dies für uns noch zu rekonstruieren ist, bis weit in die römische Kaiserzeit hinein keine Fremdsprache gelernt. Wo immer man auf Dolmetscher zurückgreifen mußte, bediente man sich offenbar zweisprachiger Nichtgriechen. Noch in der Spätantike war ein griechischer Intellektueller aus Antiocheia stolz, kein Latein zu verstehen. Doch es gab auch Ausnahmen wie den gebürtigen Griechen Ammianus Marcellinus (ca. 330–400 n. Chr.), der in lateinischer Sprache die Geschichte des Römischen Reiches von 96 bis 378 n. Chr. schrieb.

In den hellenistischen Reichen wurde von den Gebildeten eine gemeinsame Sprache gesprochen, die Koiné, eine vereinfachte Form des attischen Dialekts. Diese internationale Verkehrs- und Verwaltungssprache fand auch in die Literatur Eingang: So verfaßte Polybius seine Historien in dieser Sprache, und auch die Autoren des Neuen Testaments bedienten sich ihrer. Trotz einer mächtigen Gegenbewegung, die das attische Griechisch in reiner Form wiederherstellen wollte («Attizismus»), war der Siegeszug der Koiné nicht aufzuhalten. Sie verdrängte die alten griechischen Dialekte. In den verschiedenen Regionen der östlichen Mittelmeerwelt wurden aber nach wie vor die einheimischen («indigenen») Sprachen gesprochen. In weiten Teilen des Vorderen Orients benutzte man weiterhin das Aramäische, die alte Verwaltungssprache des Persischen Reiches.

In Rom waren die Eliten spätestens seit dem 2. Jh. v. Chr. zweisprachig, d. h., sie beherrschten sowohl Griechisch als auch Latein in Wort und Schrift. Manche Intellektuelle waren sogar dreisprachig, d. h., sie hatten eine weitere, meist italische Sprache gelernt. Der

Schöpfer des lateinischen Epos, Quintus Ennius (239–169 v. Chr.), beherrschte Lateinisch, Griechisch und Oskisch. Die Römer versuchten daher nie, ihre Sprache als einziges offizielles Kommunikationsmittel durchsetzen. Eine systematische Sprachenpolitik wurde nicht betrieben. Latein wurde niemandem aufgezwungen, war aber bis in die Spätantike Ausdruck der politischen Macht. Im Osten des Römischen Reiches diente Griechisch weiter als Verwaltungssprache; öffentliche Verlautbarungen wurden häufig ins Griechische übersetzt. Zweisprachige Inschriften («Bilinguen») sind keine Seltenheit; die berühmteste Bilingue ist das «Monumentum Ancyranum», der Tatenbericht des Kaisers Augustus, der im lateinischen Original und in griechischer Übersetzung am Tempel für den Kaiserkult in Ancyra (heute Ankara) angebracht war. Die Inschrift am Kreuz Christi wurde von Pontius Pilatus dreisprachig verfaßt: lateinisch, griechisch und aramäisch.

Trotz der Offenheit der Römer der griechischen Sprache gegenüber wurde von nichtrömischen Verwaltungsbeamten und Offizieren erwartet, daß sie über Grundkenntnisse im Lateinischen verfügten, sonst war an eine Karriere in der kaiserlichen Bürokratie und im Heer nicht zu denken.

In den Provinzen herrschte eine große Sprachenvielfalt. Sie ist vor allem durch Inschriften und – in Ägypten und dem Vorderen Orient – durch Papyri bezeugt. In den polyglotten Gesellschaften sprachen selbst die einfachen Soldaten des römischen Heeres ihre lokalen Dialekte. Latein war hier die Sprache offizieller Dokumente (z. B. der Meilensteine am Straßenrand), der römischen Bürger und solcher Personen, die mit der römischen Besatzung zu tun hatten.

70. Wie wurden in der Antike Bücher verbreitet? Die meiste Zeit über wurden in der Antike Bücher in Form von Buchrollen verbreitet. Schreibmaterial war der Papyrus, der aus der gleichnamigen Staude gewonnen wurde und bereits in archaischer Zeit aus dem pharaonischen Ägypten nach Griechenland exportiert wurde. Die Rolle wurde seit dem 2. Jh. n. Chr. allmählich vom Codex abgelöst, der mehr Text aufnehmen konnte, weil beide Seiten beschrieben wurden, und der eine wesentlich praktischere Form hatte; im Prinzip sah ein Codex schon so aus wie ein Buch heutzutage. In der Spätantike wurde der Papyrus als Schreibmaterial vom Pergament abgelöst, das Gerber aus Tierhaut herstellten.

Der Buchhandel, der bereits für das klassische Athen bezeugt ist, erlebte seine erste Hochzeit im Hellenismus, als an den Höfen der Herrscher große Bibliotheken geschaffen wurden, die eine professionelle Produktion und Verbreitung von Büchern erforderten. Viele dieser Bibliotheken betrieben eigene Kopierwerkstätten, wo die Texte per Hand abgeschrieben wurden.

In den römischen Privathaushalten wurden Texte bis in die Spätantike hinein von eigens geschulten Sklaven kopiert (*librarii*). Diese Spezialisten machten sich teilweise selbständig und gründeten Verlage, welche die zahlreichen Buchläden belieferten, die es im ganzen Römischen Reich, selbst in entlegenen Provinzstädten, gab. In der römischen Kaiserzeit existierte ein bereits differenzierter Buchmarkt mit Autoren, Herausgebern, Buchhändlern und Verlegern. Für den anspruchsvollen Sammler wurden einzelne Bücher besonders ausgestattet. Eine Luxusausgabe des ersten Buches der Epigramme Martials kostete fünf Denare. Zum Vergleich: Ein einfacher Soldat verdiente im Jahr 300 Denare.

Doch entscheidenden Anteil an der Verbreitung der Literatur hatten in den antiken Gesellschaften die Autoren, die ihre durch kein Urheberrecht geschützten Werke vor größerem Publikum selbst vortrugen oder von erfahrenen Vorlesern rezitieren ließen. Der Vortrag (*recitatio*) war das erste Mittel der Veröffentlichung, dann erst kam die Buchrolle. Cicero (106–43 v. Chr.) berichtet, daß die Poeten seiner Tage ihre Werke vom *vulgus*, dem einfachen Volk, begutachten ließen, bevor sie letzte Hand anlegten. Horaz (65–8 v. Chr.) wiederum verweist auf Dichter, die Vorstellungen auf dem Forum, in den Thermen und selbst auf der Bühne des Theaters gaben. Juvenal (ca. 55–130 n. Chr.) beklagt, daß man nirgends in Rom vor Rezitationen sicher sei; denn da das Schreiben zur höheren Bildung gehörte, dilettierten viele Angehörige der Oberschicht mit Gedichten und Prosawerken. Kurzum: Der öffentliche Auftritt des Autors, dessen Gesicht, Stimme, Tonfall und Vortragsweise entschieden über den Erfolg eines Buches.

71. Was wußten die Römer über ihre Frühzeit? Sieben, fünf, drei – Rom kroch aus dem Ei. Die unerschütterliche Schülerweisheit konnte Generationen von Altertumswissenschaftlern nur noch ein müdes Lächeln entlocken. Viele haben längst die Hoffnung aufgegeben, Licht in das Dunkel der Gründung Roms zu bringen. Worauf sollte man sich auch stützen? Die auf uns gekommenen literarischen Nachrichten zur legendären Königszeit (8. bis 6. Jh. v. Chr.) und zur frühen Geschichte der römischen Republik (5. und 4. Jh. v. Chr.) entstammen fast durchweg einer wesentlich späteren historiographischen Tradition und (re)konstruieren die römische Frühzeit aus dem Blickwinkel ihrer eigenen Zeit. Sie sind damit eine zuverlässige Quelle für das zeitgenössische Bewußtsein einer lange vergangenen Epoche, nicht aber für die Epoche, die zu schildern sie vorgeben.

Bleiben die Gründungsmythen, mit denen die Römer ihre Frühzeit darstellten: die Flucht des Aeneas aus dem brennenden Troja, die Gründung der Stadt Alba Longa durch seinen Sohn Julus-Ascanius, die lange Reihe albanischer Könige bis auf Numitor, dessen Tochter Rhea Silvia der Gott Mars zur Mutter der Zwillinge Romulus und Remus machte, die Fürsorge der Wölfin für die ausgesetzten Kinder und die Gründung der Stadt am Tiber durch den Brudermörder Romulus. Doch auch diese Geschichten sind ein kaum entwirrbares Gemenge von Märchenmotiven, alten Erzählungen und rationalen Erklärungsversuchen. In griechischer Sprache bündelte sie der römische Historiker Fabius Pictor, der um 200 v. Chr. die erste Darstellung der römischen Geschichte verfaßte. Er datierte die Gründung Roms auf das erste Jahr der achten Olympiade, in unserer Zeitrechnung auf 748 v. Chr. Am Ende des ersten vorchristlichen Jahrhunderts ‹korrigierte› ihn der Gelehrte M. Terentius Varro; das von ihm errechnete Jahr 753 v. Chr. erlangte kanonische Gültigkeit.

Schon in der späten Republik stieß ein Römer, wenn er sich mit der Frühzeit seiner Stadt beschäftigte, auf unterschiedliche Berichte und Rekonstruktionen, die ihn ebenso ratlos machen konnten wie den modernen Historiker. Die äußerst schwierige Quellenlage hat dazu geführt, daß in der Forschung über eine Vielzahl von Theorien zur Stadtwerdung Roms gestritten wird. Hier ist von einer allmählichen Ausbildung eines städtischen Gemeinwesens die Rede, dort von einem einmaligen Zusammenschluß verschiedener Siedlungen. Immer wieder bemühen sich Gelehrte, die breite literarische Überlieferung für die Geschichte des frühen Rom zu retten. Gar mancher erhofft sich weiterführende Aufschlüsse durch Bodenfunde, und neuerdings wird hartnäckig nach einem zuverlässigen, auf mündliche Traditionen zurückgehenden Kern in den Mythen und Erzählungen der römischen Historiker und Dichter gefahndet, die die kritische Forschung seit dem 19. Jh. in Bausch und Bogen verworfen hat.

72. Wie sah das römische Bildungssystem aus? In Rom gab es keine allgemeine Schulpflicht. Für Erziehung und Bildung war die Familie zuständig. Sehr reiche Eltern leisteten sich einen Privatlehrer, der ihre Kinder unterrichtete. Dieser war oft ein griechischer Sklave. Doch es gab auch öffentliche Schulen, für die die Gemeinden zuständig waren und deren Besuch etwas kostete.

Das römische Schulsystem war dreistufig. Jungen und Mädchen im Alter von sieben bis elf Jahren besuchten eine Elementarschule, den *ludus litterarius*, um Lesen, Schreiben und Rechnen zu lernen. Man schrieb mit einem Griffel auf Wachstäfelchen oder mit Tinte auf Papyrus. Die Kinder wohlhabender Eltern wurden von einem *paedagogus* in die Schule gebracht. Das Schulgeld war recht niedrig, so daß viele Eltern ihre Kinder auf eine Elementarschule schicken konnten. Der Unterricht wurde in einfachen Läden oder Bretterbuden auf dem Forum gehalten; spezielle Schulgebäude gab es nicht. Das Schuljahr war lang. Es begann im März. Nur die Festtage blieben schulfrei. Wahrscheinlich gab es von Mitte Juli bis Mitte Oktober die «großen Ferien».

In der Elementarschule wurde vor- und nachmittags unterrichtet. Es war also eine Ganztagsschule. Die Lehrmethoden waren nicht besonders anspruchsvoll. Der Lehrer war wenig motiviert, da er schlecht bezahlt wurde. Zunächst wurden Buchstaben und Silben diktiert, dann mußten ganze Wörter und Verse aufgeschrieben und auswendig gelernt werden. Das Rechnen mit den römischen Ziffern lernte man mit Hilfe der Finger. Die 20 bis 30 Schülerinnen und Schüler, die von einem Lehrer betreut wurden, litten unter dem eintönigen Unterricht, bei dem es nur ab und an ein paar Belohnungen für gute Leistungen gab. Häufiger wurden sie jedoch bestraft; wer nicht aufpaßte oder den Unterricht störte, wurde mit dem Stock geschlagen. Der Ausdruck *manum ferulae subducere* («die Hand unter dem Stock wegziehen») hieß in der Umgangssprache soviel wie «zur Schule gehen»!

Die Kinder bessergestellter Eltern besuchten zwischen dem 11./12. und dem 16./17. Lebensjahr die Schule des Grammatikers (*grammaticus*), der ihnen die Grundlagen der lateinischen, aber auch der griechischen Sprache und Verslehre beibrachte und mit ihnen die großen antiken Dichter und Geschichtsschreiber las. Auch der *grammaticus* lehrte am Marktplatz. Auf die Grammatikerschule baute der Unterricht beim Rhetor auf, der männlichen Jugendlichen aus reichen Familien vorbehalten war. Wie beim Grammatiker wurde auf latein und griechisch unterrichtet. Hier wurden die Jugendlichen auf ihre künftige Tätigkeit vor Gericht, in der Politik oder in der Verwaltung vorbereitet. Über ihren künftigen Erfolg entschied die Fähigkeit, überzeugend und mit Autorität reden zu können. Die Schüler studierten die berühmten griechischen und lateinischen Oratoren, lernten, eine Rede richtig aufzubauen, und mußten Probevorträge halten. Die Rhetoren unterrichteten vormittags am Forum in Sälen, die wie kleine Theater eingerichtet waren.

73. Welche medizinischen Kenntnisse hatten die Römer? Cato der Ältere (234–149 v. Chr.) hielt nichts von den griechischen Ärzten. Statt auf die Rezepte inkompetenter und betrügerischer Quacksalber vertraute er lieber auf die alten Hausmittel und Beschwörungsformeln, die ein römischer Familienvater (*pater familias*) bei Krankheiten schon seit Generationen anwandte.

Die demonstrative Ablehnung der griechischen Medizin hatte vor allem politische Gründe. Cato wetterte gegen den Einfluß der griechischen Kultur auf seine römischen Standesgenossen, und in diesem Zusammenhang gerieten auch die Ärzte in die Kritik, die seit dem ausgehenden 3. Jh. v. Chr. aus Griechenland nach Rom kamen. Tatsächlich veränderte die griechische Wissenschaft die medizinische Versorgung der Römer, die bisher allein auf ihre Volksmedizin vertrauen mußten.

Die Tradition hat die wissenschaftliche Begründung der antiken Medizin mit Hippokrates von Kos (ca. 460–370 v. Chr.) in Verbindung gebracht, unter dessen Namen eine Vielzahl von Werken (das *Corpus Hippocraticum*) überliefert wurde. Der Körper wurde als ein System von vier Säften: Blut, Schleim, gelber und schwarzer Galle, verstanden. Krankheit war keine unerklärliche Strafe der Götter mehr, sondern Folge einer Störung des Gleichgewichtes dieser Säfte. Das Ungleichgewicht konnte diagnostiziert und korrigiert werden. Die Symptome verschiedener Krankheiten wurden präzise beschrieben. Die Ärzte praktizierten ihre Kunst in der Öffentlichkeit vor einem interessierten Publikum. Die hellenistischen Könige machten ihre Höfe zu Zentren medizinischer Gelehrsamkeit. Das Wissen um die Anatomie des menschlichen Körpers und um seine Krankheiten, um Operationstechniken und um Heilmittel nahm zu. Ärzte wurden in medizinischen Schulen ausgebildet, hielten öffentliche Vorträge und waren in vielen Poleis von Abgaben befreit.

Die Römer vertrauten auf griechische Ärzte, die meist als Sklaven und Freigelassene praktizierten. Die medizinische Kunst war daher, wie Cicero es formulierte, nur für diejenigen ehrenvoll, deren Stand sie entsprach. Die griechischen *medici* kurierten schwierige Brüche, erweiterten verstopfte Arterien, entfernten trübe Linsen, operierten Tumore und behandelten schwere Kopfverletzungen. Ihr medizinisches Besteck ist durch Ausgrabungen gut bekannt. Für Augen, Zähne, Haut und Knochen gab es spezielle Skalpelle, Zangen, Wundklemmen, Nadeln und Löffel.

Die Ärzte waren zugleich ihre eigenen Apotheker und stellten Arzneien auf Kräuterbasis selbst her. Behandelt wurde in der Regel in den Privathäusern, ein staatliches Krankensystem gab es nicht. Lazarette fanden sich nur in Militärlagern und Frontstädten; Krankenhäuser, in denen Bedürftige gepflegt wurden, tauchten erst in der Spätantike auf und waren eine Folge der Christianisierung des Römischen Reiches.

Die Ärzte standen weiter in Konkurrenz mit anderen Anbietern von Heilverfahren wie Blasenschneidern, Wundärzten und Exorzisten. Ihr Prestige und ihr Einkommen richtete sich nach ihrem Patientenstamm. Meister der chirurgischen Kunst und der Diagnose wie Galen aus Pergamon (129 – ca. 216 n. Chr.), der seine Karriere als Gladiatorenarzt begann und später Kaiser Marc Aurel (168 – 180 n. Chr.) behandelte, verdienten viel Geld und genossen hohes Ansehen.

74. Wer waren die Kirchenväter? Die Kirchenväter sind eine Erfindung der römisch-katholischen Kirche. Sie bezeichnet damit frühchristliche Schriftsteller, die sich durch eine rechtgläubige Lehre und ein heiliges Leben auszeichneten und die von der Kirche anerkannt wurden. Seit der Spätantike berief man sich auf diese «Väter» als ausdrückliche Zeugen des Glaubens. Ihre Zahl schwankt; allerdings hat sich ein Kreis von je vier lateinischen und griechischen Kirchenvätern herausgebildet, die auf Grund ihrer Gelehrsamkeit und Bildung ihre Mitbrüder überragten und in der christlichen Kunst häufig dargestellt wurden. Die lateinische Kirche verehrte Ambrosius (ca. 340–397 n. Chr.), Hieronymus (347–419/20 n. Chr.), Augustinus (354–430 n. Chr.) und Gregor den Großen (540–604 n. Chr.), die östliche Orthodoxie Athanasius (ca. 295–373 n. Chr.), Basilius den Großen (329–379 n. Chr.), Gregor von Nazianz (ca. 329/30–389/90 n. Chr.) und Johannes Chrysostomus (ca. 349–407 n. Chr.).

Die Kirchenväter beeinflußten als Lehrer und Theologen die weitere Geschichte des Christentums. Sie waren allesamt hochgelehrte und ambitionierte Intellektuelle, denen es gelang, die antike Bildung mit der christlichen Botschaft zu verbinden. Die von ihnen geschaffene Synthese von Christentum und Antike prägte die Kultur des Abendlandes bis weit in das 20. Jh.

Schauen wir uns exemplarisch das Leben des Hieronymus an. Geboren wurde er um 347 in einer christlichen Grundbesitzerfamilie in Stridon (in der Nähe von Aquileia). Nach einer vorzüglichen grammatisch-rhetorischen Ausbildung in Rom begab er sich Mitte der sechziger Jahre nach Trier. Dort lernte er das Mönchtum kennen und entsagte wie andere Christen seiner Zeit der weltlichen Karriere. Asketische Erfahrungen in Gemeinschaft mit Gleichgesinnten sammelte Hieronymus in Oberitalien und auf einem Landgut vor den Toren der syrischen Metropole Antiocheia. Am Vorabend des Zweiten Ökumenischen Konzils (381) hielt er sich in Konstantinopel auf. 382 reiste er zu einer Synode nach Rom, wo er innerhalb kurzer Zeit zum Vertrauten des römischen Bischofs Damasus aufstieg. In Rom wurde er zum theologischen Lehrer eines asketischen Kreises adliger Frauen. Zeitweise hoffte er, die Nachfolge des Damasus antreten zu können. Doch im August 385 mußte er, heftig angefeindet, Rom verlassen. Gemeinsam mit zwei römischen Aristokratinnen ließ sich Hieronymus im Frühjahr 386 in Bethlehem nieder. Dort widmete er sich bis zu seinem Tod um 420 n. Chr. unermüdlich seinen literarischen Projekten. Er wirkte als Übersetzer griechischer theologischer Werke und als Autor der asketisch-monastischen Bewegung. Nicht zuletzt seine etwa 120 Briefe zeigen, daß Hieronymus ein glänzendes Latein schrieb.

Sein größtes Verdienst war es jedoch, die Notwendigkeit eines einheitlichen, auf dem griechischen bzw. hebräischen Original fußenden lateinischen Bibeltextes erkannt und gegen die zum Teil heftige Kritik seiner Zeitgenossen verteidigt zu haben. Die später «Vulgata» (d. h. *editio* bzw. *versio vulgata*: die allgemein gebräuchliche Ausgabe bzw. Übertragung) genannte Übersetzung war bis zum Zweiten Vatikanischen Konzil (1962–1965) die Bibel der lateinischen Christenheit.

Lebenswelten und Lebensräume

75. Wie teilte man in Griechenland die Zeit ein?

Die Zeitmessung ist ein entscheidender Ordnungsfaktor eines Gemeinwesens. Mit der wachsenden Komplexität einer Gesellschaft steigen die Ansprüche an die Zeitmessung. So sind Zeiten für gemeinsame Tätigkeiten festzulegen: für Amtsfristen, religiöse Feste, Gerichts- und Markttage, Laufzeiten von Darlehen und Hypotheken usw.

Die antiken Gesellschaften kannten unterschiedliche Systeme zur Einteilung der Zeit. Dabei griff man auf die natürlichen astronomischen Zeiteinheiten Tag, Monat und Jahr zurück. In Griechenland wie im Alten Orient basierte der Kalender auf dem Mondjahr, d. h. auf der exakten Beobachtung des Mondlaufs mit seinen Phasen. Da die Zeit zwischen zwei Neumonden durchschnittlich $29\frac{1}{2}$ Tage beträgt, wechselten Monate mit 29 und 30 Tagen einander ab. Das offenkundige Problem, daß das Mondjahr mit 354 nicht mit dem Sonnenjahr von $365\frac{1}{4}$ Tagen übereinstimmte, versuchte man durch empirische Schaltungen in den Griff zu bekommen, d. h. durch den Einschub eines oder mehrerer Tage, oder durch längere regelmäßige Schaltungen, die auf acht- oder neunzehnjährigen Zyklen beruhten.

Die Griechen besaßen keinen einheitlichen Kalender. Jede Polis hatte eigene Monatsnamen und legte unabhängig von anderen Poleis den Jahresanfang (in der Regel zwischen Ende Juni und Ende Juli) fest. Die Woche wurde meist in zehn Tage eingeteilt. Das Alltagsleben wurde allerdings stärker durch die Monate bestimmt; ihre Namen leiteten sich üblicherweise von Festen ab, die in den betreffenden Monaten begangen wurden.

Seit dem 7. Jh. v. Chr. wurde das Jahr in den einzelnen Städten jeweils nach jährlich wechselnden Beamten oder Priestern gezählt; ihre Namen wurden in Listen, sogenannten Eponymenlisten, verzeichnet. In Athen war dies einer der Archonten, in Sparta einer der Ephoren.

Daneben gab es die Ärenrechnung, die auf ein bestimmtes Epochenjahr zurückreichte. Die berühmteste ist mit dem Fest des Zeus Olympios verbunden: die Olympiadenrechnung, die mit dem Jahr 776 v. Chr. einsetzte und einen vierjährigen Zyklus umfaßte. Sie diente als Grundlage einer gesamtgriechischen Zeitmessung, wurde jedoch fast ausschließlich von Historikern verwendet.

Die hellenistische Zeit ist durch viele ‹dynastische› Ären charakterisiert, die in der Regel mit dem Beginn der Regentschaft eines Monarchen einsetzten. Diese Herrscherjahre konnten mit dem Kalenderjahr zusammenfallen oder neben ihm herlaufen. Nach der Entmachtung einzelner Könige gaben etliche Städte des Ostens die früheren Jahresdatierungen auf und begannen eine «Freiheitsära».

Die christliche Zeitrechnung fußt auf einer falschen Berechnung der Geburt Jesu Christi durch den römischen Mönch Dionysius Exiguus im 6. Jh. n. Chr. Sie setzte sich im Westen seit dem 8. Jh. durch. Die Zählung der Jahre vor Christus wurde jedoch erst seit Ende des 18. Jh.s verwendet.

76. Wie sah der römische Kalender aus? Ursprünglich rechneten auch die Römer nach einem Mondjahr, das abwechselnd aus 355 und 377 bzw. 378 Tagen bestand. Der 1. März war der Jahresanfang, wie sich aus unseren heutigen Monatsnamen September (der 7.), Oktober (der 8.), November (der 9.) und Dezember (der 10. Monat) ersehen läßt, die aus der lateinischen Sprache übernommen sind. 155 oder 153 v. Chr. setzte man den Amtsantritt der Konsuln und damit auch den Jahresbeginn auf den 1. Januar fest.

Die Schaltung («Interkalation») lag in der römischen Republik in den Händen von Priestern. Nach einem komplizierten Verfahren interkalierten sie Ende Februar 22 oder 23 Tage. Am Ende der Republik wies der Kalender ein beträchtliches Mißverhältnis zum Jahresablauf ab, und es kam zu Störungen des wirtschaftlichen und politischen Lebens. Die von Caesar 45 v. Chr. vollzogene Kalenderreform, die angeblich den ägyptischen Kalender zum Vorbild hatte, setzte an die Stelle des bisherigen Mondjahres ein Sonnenjahr mit einer mittleren Jahreslänge von 365$\frac{1}{4}$ Tagen und reduzierte die Schaltperiode auf einen Tag, indem nach jeweils drei Jahren mit 365 Tagen ein Schaltjahr mit 366 Tagen eingeschoben wurde. Der «Julianische Kalender» wurde 1582 durch den nach Papst Gregor XIII. benannten «Gregorianischen Kalender» mit einem geringfügig verbesserten Schaltzyklus abgelöst.

Die Jahre zählte man auch in Rom nach zwei eponymen Beamten, nämlich den beiden jeweils amtierenden Konsuln, deren Namen in Listen, den sogenannten Konsularfasten (*fasti consulares*), verzeichnet wurden. Daneben wurde besonders in literarischen Texten und von Historikern eine Ärenrechnung benutzt, die von der Gründung der Stadt Rom (*ab urbe condita*) ausging.

Die ursprüngliche Orientierung des römischen Kalenders am Mondlauf schlug sich in der Aufteilung des Monats nach drei Fixpunkten nieder, den Kalenden (dem ersten Tag eines Monats), den Nonen (5. oder 7.) und den Iden (13. oder 15.). Die Tage wurden rückwärts gezählt, der 25. November etwa war der 7. Tag vor den Kalenden des Dezember. In der Republik gab es eine durchlaufende Acht-Tage-Woche (*nundinum*), die in der Kaiserzeit von einer siebentägigen Planetenwoche mit dem *dies Solis*, dem Sonntag, als erstem Tag ersetzt wurde.

Das tägliche Leben wurde nicht durch Arbeits- und Ruhetage bestimmt, sondern durch die Monatsunterteilungen Kalenden, Nonen und Iden, durch die Markt- und Gerichtstage und durch verschiedene Feste. Für die Untergliederung des Tages genügte in der Regel eine Grobeinteilung; in Rom wurden dreimal die Tagesabschnitte ausgerufen. Die Stunden des Tages waren je nach Jahreszeit unterschiedlich lang, im Winter kürzer als im Sommer.

77. War Reisen in der Antike eine Lust oder eine Last? Die Antike kannte Reisen mit dem Schiff, zu Fuß, in zwei- oder vierrädrigen Wagen, zu Pferd, aber auch auf Eseln, Dromedaren und Kamelen. Das Transportmittel und damit die Reisegeschwindigkeit hingen vom Anlaß, dem Reisegebiet und dem sozialen Stand des Reisenden ab. Reisen dienten politischen, administrativen, wirtschaftlichen, religiösen, wissenschaftlichen und privaten Zwecken.

Reisen in der Antike war meist ein mühsames, oft ein teures und nicht selten ein gefährliches Unterfangen. In der Regel reiste man nur am Tage. Übernachtungsmöglichkeiten boten an Überlandstraßen und in Häfen schon im klassischen Griechenland bescheidene Gasthäuser. In der römischen Kaiserzeit wuchs mit der steigenden Mobilität der Bevölkerung die Zahl der privat betriebenen Herbergen, die einen schlechten Ruf hatten und neben Unterkunft auch den Dienst von Prostituierten anboten; daneben gab es an den Fernstraßen öffentliche Einrichtungen (*mansiones*), die auch den Wechsel der Zugtiere ermöglichten. Angehörige der Oberschichten genossen hingegen seit der homerischen Zeit die Gastfreundschaft ihrer Standesgenossen, die strengen Regeln unterlag. Einfache Reisende hingegen kampierten oft am Straßenrand unter freiem Himmel.

Römische Beamte benutzten im Kaiserreich ein staatliches Transportsystem (*cursus publicus*), das auch der Nachrichtenübermittlung diente. In Gang gehalten wurde die mißverständlich «Staatspost» genannte Einrichtung großenteils über Leistungen (*munera*), die die Bevölkerung erbringen mußte. Die Reisetätigkeit römischer Kaiser diente der inneren Entwicklung des Reiches. Ausgedehnte Reisen verschafften Herrschern wie Hadrian (117–138 n. Chr.) breite Kenntnisse über die lokalen und regionalen Probleme des Imperiums.

Das Reisen zu Wasser und zu Land war gleichermaßen unsicher. Neben allerlei Unbill durch das Wetter drohten Überfälle durch Räuber und Verschleppung durch Piraten. Deshalb trug man, wenn es irgend ging, wenig Geld bei sich. Bei der Überschreitung von Grenzen mußten allerdings Zölle entrichtet werden. Geldwechsler halfen beim Umtausch der Devisen.

Trotz des hervorragend ausgebauten Straßennetzes des römischen Kaiserreiches waren Reisen auf dem Landweg langwierig. Auf dem Rücken eines Pferdes oder in einem schnellen Reisewagen konnten bis zu 75 km pro Tag zurückgelegt werden. Für die Fahrt von Rom nach Britannien mußte man über einen Monat einkalkulieren, und auch die Reise von Rom nach Pompeji dauerte vier bis fünf Tage.

Landkarten, wie wir sie kennen, gab es nicht, aber eine reiche Reiseliteratur unterrichtete eine gebildete Elite über sehenswerte Orte und Regionen, die seit dem 4. Jh. v. Chr. besucht wurden. Einer der berühmtesten Reisenden der Kaiserzeit war Pausanias (ca. 115–180 n. Chr.), der eine Beschreibung Griechenlands in zehn Büchern verfaßte. In der Spätantike erfreuten sich die Reisebeschreibungen christlicher Pilger von den biblischen Stätten des Heiligen Landes großer Beliebtheit.

78. Wie lebte es sich in einer antiken Großstadt? Eine der bedeutendsten Metropolen der antiken Welt war Alexandreia. Alexander der Große hatte die Stadt im Winter 332/31 v. Chr. gegründet, nachdem er Ägypten im Sturm erobert hatte. Sein früher Tod keine zehn Jahre später ließ die Stadt mit dem rechtwinkligen Grundriß unvollendet. Erst seine Nachfolger in Ägypten, die ptolemäischen Könige, bauten sie systematisch aus. Der Hafen wurde zum wichtigsten Umschlagplatz für Produkte von nah und fern. Glas, Leinen und Papier wurden hergestellt, schier unvorstellbare Mengen von Getreide ausgeführt. Die hellenistischen Herrscher häuften gigantische Reichtümer auf, die der Infrastruktur sowie dem kulturellen und religiösen Leben der griechischen Stadt in Ägypten zugute kamen. Das Palastviertel mit dem Grab Alexanders des Großen war in der ganzen Welt berühmt, ebenso das Museion genannte Forschungsinstitut mit seiner riesigen Bibliothek, der Tempel des Gottes Serapis und der Leuchtturm Pharos, der stolz am Eingang des künstlich angelegten Hafens in den Himmel emporragte und zu den Sieben Weltwundern zählte.

Griechen aus der gesamten hellenischen Welt waren an der Gründung beteiligt gewesen. Sie hatten die zentralen Ämter der städtischen Selbstverwaltung inne und wachten eifersüchtig über ihre Privilegien. Doch die blühende Großstadt zog bald viele Menschen aus aller Herren Länder an. Zu den Ägyptern, die rechtlich und politisch benachteiligt wurden, traten die Juden, die eine große Diasporagemeinde bildeten. Aber aus der königlichen Hauptstadt wurde kein Schmelztiegel: Zwischen den einzelnen Bevölkerungsgruppen herrschten Spannungen, die sich bisweilen in blutigen Auseinandersetzungen entluden.

Die dynastischen Querelen der letzten Ptolemäer beendeten die Römer. Unter römischer Herrschaft verloren die Alexandriner ihre Autonomie, aber ihre Stadt blieb weiterhin von herausragender ökonomischer und kultureller Bedeutung. Über den größten Hafen im östlichen Mittelmeer wurde der Transithandel zwischen Indien und Rom abgewickelt. Die Universität zog namhafte Gelehrte und wißbegierige Studenten aus der ganzen Welt an. Schon im 2. und 3. Jh. n. Chr. wirkten bedeutende christliche Theologen in Alexandreia, das in der Spätantike zum Sitz eines machtbewußten Patriarchen wurde.

Mehrere hunderttausend Einwohner lebten hier: Alexandreia war nach Rom die zweitgrößte Stadt des Imperiums. 641 n. Chr. wehte die Fahne des Propheten auf den Zinnen. «Ich habe die große Stadt des Abendlandes erobert», schrieb der Feldherr Amr ibn al-As seinem Gebieter, dem Kalifen Omar, «und es fällt mir nicht leicht, alle ihre Reichtümer und Schönheiten aufzuzählen.»

79. Wie lebte man in der römischen Provinz Germanien? Im Jahre 9 n. Chr. lockte der Cheruskerfürst Arminius den römischen Feldherrn Quinctilius Varus in der berühmten Schlacht im Teutoburger Wald in einen Hinterhalt. Neue archäologische Forschungen lassen vermuten, daß der Kampf nicht am Ort des Hermannsdenkmals bei Detmold stattfand, sondern im Osnabrücker Raum bei Kalkriese.

Die Römer verloren damals drei Legionen, und der glücklose General stürzte sich in sein Schwert. Zwar gab es in der Folge noch einige Vorstöße in das rechtsrheinische Gebiet, aber schließlich wurden die Pläne, die Grenzen des Imperiums bis an die Elbe zu verschieben, aufgegeben. Statt dessen sicherte man im 1. Jh. n. Chr. den römischen Machtbereich an Rhein und Donau. Unter Kaiser Domitian (81–96 n. Chr.) wurden auf gallischem Gebiet die beiden Provinzen *Germania superior* und *Germania inferior* eingerichtet. Hauptstädte waren Köln (*Colonia Agrippinensis*) und Mainz (*Mogontiacum*). Die dauerhafte Stationierung römischer Truppen führte zu tiefgreifenden wirtschaftlichen, zivilisatorischen und kulturellen Veränderungen.

Um die Militärlager und Kastelle herum entstanden sogenannte *canabae*, Barackensiedlungen, in denen sich all die niederließen, die mit den Soldaten Geschäfte machten. Aus den *canabae* entstanden *vici*, dorfähnliche Siedlungen, in denen Frauen in eheähnlichen Verbindungen mit Soldaten lebten. Kolonien und Munizipien, deren Bewohner das römische (oder das latinische) Bürgerrecht besaßen, bildeten eine städtische Infrastruktur. Die im Hinterland der Siedlungszentren gelegenen Agrarbetriebe (*villae rusticae*) verkauften ihre überschüssigen Produkte an annähernd 50 000 Soldaten, die über eine hohe Kaufkraft verfügten, von der auch Handwerker, Händler und Gewerbetreibende profitierten. Die germanischen Provinzen erlebten im 2. und frühen 3. Jh. n. Chr. eine Blüte: Eine arbeitsteilige Wirtschaft steigerte die Produktivität, ein reger Handel verband die linksrheinische Region mit der Mittelmeerwelt und dem freien Germanien, und der Wohlstand der regionalen und lokalen Eliten zeigte sich in teuren Bauten und aufwendigen Grabmälern.

Die erfolgreichen Aufsteiger übernahmen nicht nur die römische Sprache, das Latein, sondern auch römische Gewohnheiten: Man trug die Tunika, würzte seine Speisen mit der beliebten scharfen Fischsauce (*garum*), baute Fußbodenheizungen in die Häuser ein und genoß das römische Bäderwesen. Einheimische Gottheiten wie die Pferdeschutzgöttin Epona traten neben die stadtrömischen Götter Juppiter, Juno und Minerva, aber auch östliche Mysterienkulte wie Mithras, Isis und Kybele und der Sonnengott *Sol Invictus* fanden Anhänger. Die Römer selbst hatten kein Interesse, die gallischen und germanischen Götter zu unterdrücken, sondern integrierten fremde Gottheiten in die eigene Religion, indem sie sie mit römischen Göttern identifizierten (*interpretatio Romana*).

Die vielschichtigen Akkulturationsprozesse bestimmten die Identität dieser Gebiete bis über die Spätantike hinaus. Die altertumswissenschaftliche Forschung hat seit dem späten 19. Jh. die Verbreitung der römischen Kultur in den Provinzen und die damit einhergehenden Veränderungen in Wirtschaft, Gesellschaft und Religion als «Romanisierung» bezeichnet.

80. Wie wurde Homosexualität beurteilt? Sexuelle Kontakte zwischen Personen gleichen Geschlechtes sind in zahlreichen antiken Quellen bezeugt. Die vorchristliche Antike kannte die Vorstellung nicht, daß sich sexuelle Beziehungen nur auf das jeweils andere Geschlecht beziehen dürfen. Allerdings wurde das Sexualverhalten im Gegensatz zur Moderne weniger durch individuelle Vorlieben als durch den sozialen Stand bestimmt.

In verschiedenen griechischen Stadtstaaten waren sexuelle Beziehungen zwischen zwei freien Männern unterschiedlichen Alters durchaus üblich. Der junge, wahrscheinlich zwischen 20 und 30 Jahre alte Liebhaber verkehrte mit einem 12 bis 18 Jahre alten Knaben, für dessen Erziehung er auch verantwortlich war. Diese Form männlicher Homosexualität wurde Paiderastie («Knabenliebe») genannt und war ein Initiationsritus, durch den die männlichen Jugendlichen in die Welt der erwachsenen Männer integriert und ihnen die Verhaltensnormen der Männergesellschaft vermittelt wurden. In Sparta waren paiderastische Beziehungen ein fester Bestandteil der staatlich geregelten Erziehung.

Auch in Rom fanden sexuelle Begegnungen zwischen Männern unterschiedlichen Alters statt. Allerdings lebte der Ältere hier seine Sexualität nicht mit Freien, sondern mit jungen Sklaven aus. Ein Gesetz aus dem 1. Jh. v. Chr. soll die «Unzucht» mit minderjährigen Freien unter Strafe gestellt haben. Wie in Griechenland wurde der Geschlechtsverkehr mit Männern, die dem Jünglingsalter entwachsen waren, ebensowenig akzeptiert wie der Kontakt zu männlichen Prostituierten.

Griechische und römische Autoren unterschieden zwischen aktivem und passivem Sexualverhalten. Die Rolle des passiven Sexualpartners, der penetriert wurde, ziemte einer Frau und einem Knaben, nicht aber einem erwachsenen Mann. Folglich beruhte auch die Bewertung der männlichen Homosexualität auf der gesellschaftlich anerkannten sexuellen Asymmetrie der Beziehungen, d. h. auf der strikten Trennung von Dominanz und Unterwerfung.

In den politischen Auseinandersetzungen der späten römischen Republik waren Angriffe auf das Sexualleben der Politiker geläufig. Aufschlußreich ist das Wort Ciceros, daß bösartiger Klatsch über paiderastische Aktivitäten über alle diejenigen Politiker umlaufe, die in ihrer Jugend einigermaßen attraktiv waren. Caesar wurde von seinen Soldaten verspottet, weil er sich dem König Nikomedes von Bithynien «unterworfen» habe.

Homoerotische Beziehungen zwischen Frauen sind Gegenstand der Lyrik der Dichterin Sappho von Lesbos (um 600 v. Chr.). Die in der Folge «lesbische Liebe» genannte Beziehung diente wohl auch der Einführung einer jungen Frau durch eine ältere Liebhaberin in die sexuelle Welt der Erwachsenen. Männliche Autoren haben weibliche Homosexualität indes als widernatürlich abgelehnt.

Das Christentum verbot im Anschluß an jüdische Vorschriften weibliche und männliche Homosexualität. Sexuelle Beziehungen dienten nach christlicher Lehre nicht dem Lustgewinn, sondern ausschließlich der Fortpflanzung. Der Apostel Paulus wollte Homosexuellen gar den Zutritt zum Himmelreich verwehren. Zuerst gingen Kirchensynoden gegen gleichgeschlechtliche Verbindungen vor, und die spätantike Gesetzgebung, die von der christlichen Sexualmoral beeinflußt wurde, stellte Homosexualität – wie Ehebruch – unter Todesstrafe.

81. Was ist die spartanische Blutsuppe? Der Athener Xenophon (ca. 430–354 v. Chr.) war ein Bewunderer des alten, von dem sagenumwobenen Gesetzgeber Lykurg geschaffenen Sparta. Dieser soll den Spartanern aufgegeben haben, bei der Ernährung Maß zu halten. Die Einfachheit der spartanischen Kost wurde so bereits in der Antike sprichwörtlich. Gerstenbrot, Käse, Feigen und ab und an Wildbret standen auf dem Küchenzettel. Nur bei besonderen Anlässen durfte der Tisch reichhaltiger gedeckt sein. Am bekanntesten war bereits im Altertum die sogenannte schwarze Suppe oder Blutsuppe, die aus Blut und gekochtem Schweinefleisch bestand. Sie war indes nie Hauptspeise und auch kein spartanisches ‹Nationalgericht›.

Das Leben in Sparta wurde durch die gemeinsamen Mahle der spartanischen Männer geprägt, die Syskenien («Zeltgemeinschaften») oder «Syssitien» («Speisegemeinschaften») hießen. Sie waren wie das Erziehungssystem staatlich organisiert und kontrolliert, um ein möglichst hohes Maß an Uniformität der Vollbürger («Spartiaten») zu gewährleisten. Alle Teilnehmer nahmen dieselben Speisen zu sich. Die Syssitien trugen wesentlich dazu bei, das Privat- und Familienleben der Spartiaten zugunsten des Gemeinschaftslebens zu schwächen. Nur wer Mitglied eines Syssitions war, zählte zu den Vollbürgern. Die Teilnahme am Gemeinschaftsmahl war für alle Spartiaten Pflicht, ebenso die Entrichtung eines monatlichen Beitrages zur gemeinsamen Lebensführung, der aus Getreide, Wein, Käse und Feigen bestand. Wer diese Abgaben nicht mehr aufbringen konnte, schied aus dem Kreis der Zelt- und Tischgenossen aus und verlor damit seinen privilegierten Status als Vollbürger. Die Tischgemeinschaften trugen folglich den Charakter eines Zensus.

Trotz der wirtschaftlichen Schwierigkeiten, in die viele Spartiaten verstärkt nach dem Peloponnesischen Krieg gerieten, wurde die Fiktion der gleichen Lebensverhältnisse weiter aufrechterhalten. Dennoch wurden auch in den Syssitien wirtschaftliche und soziale Unterschiede sichtbar. Das für das spartanische Gemeinwesen wichtige Prinzip des Über- und Unterordnens spiegelte sich in Ehrenplätzen und besonderen Essensportionen, aber auch in einer Rangordnung der Syssitien untereinander und innerhalb jeder einzelnen Zeltgemeinschaft.

Jedes Syssition umfaßte etwa 15 Mitglieder und ergänzte sich durch Kooptation. Das Aufnahmeverfahren war streng: Wer bei der geheimen Abstimmung auch nur eine Gegenstimme erhielt, blieb ausgeschlossen. So sollten die Harmonie und das Zusammengehörigkeitsgefühl der Tischgemeinschaft nicht gestört werden. Das Höchst- und Mindestalter der Syssitienteilnehmer ist in der Forschung kontrovers; die militärische Bedeutung der Gemeinschaften könnte darauf hinweisen, daß diejenigen Männer dort versammelt waren, die auch das Heeresaufgebot stellten, d. h. die Zwanzig- bis Sechzigjährigen.

Folgt man antiken Autoren, speisten, wohnten und schliefen die Spartiaten immer in ihrem Syssition. Selbst die Gründung eines Hausstandes soll sie von dieser Pflicht nicht befreit haben. Angeblich mußte sogar der Bräutigam in der Hochzeitsnacht bei seiner Zeltgemeinschaft speisen, um nach einem kurzen Besuch bei seiner Frau zusammen mit den anderen Männern zu schlafen. Doch dies dürfte eine idealtypische Beschreibung des Gemeinschaftslebens sein. Im Mittelpunkt stand das abendliche Mahl in dem jeweiligen «Zelt»; demgegenüber hatte die Übernachtung innerhalb der Gemeinschaft nur untergeordnete Bedeutung.

82. Wie speiste man in Rom? Die Ernährung war abhängig von der Schichtenzugehörigkeit. Bäuerliche Familien auf dem Land konnten auf ihre eigenen Produkte zurückgreifen, während die ärmere Stadtbevölkerung von der staatlich kontrollierten Versorgung mit billigen Lebensmitteln abhängig war. Das Einkommen kleiner Handwerker und Tagelöhner reichte kaum, um eine mehrköpfige Familie zu ernähren. Meist begnügte man sich mit einer Mahlzeit am Tag. Die Grundnahrungsmittel Getreide, Öl und Wein wurden ergänzt durch Feigen und Oliven. Fleisch und Fisch standen höchst selten auf dem Speiseplan. Als Volksnahrung der Republik galt ein Brei aus zerstampftem Spelt (Getreide), mit Wasser, Salz und Öl zubereitet (*puls*). Dazu aß man gerne eine Bratwurst. Wein wurde zu allen Tageszeiten getrunken, gekühlt oder warm, mit Wasser verdünnt und nicht selten mit Honig gesüßt.

Die Speisen in einem aristokratischen Haushalt sahen ganz anders aus. Morgens begnügte man sich mit einem Becher klaren Wassers, etwas Brot und Käse. Mittags gab es kaltes Fleisch, oft vom Vortag, Gemüse, Obst und einen Schluck Wein. Die Hauptmahlzeit hieß *cena*. Sie wurde am späten Nachmittag im Speisesaal (*triclinium*) eingenommen, nach unserer Zeitrechnung gegen vier Uhr. Wenn hochmögende Freunde eingeladen waren, gab es ein Menü mit Vorspeise, Hauptgang und Nachtisch. An eine festliche *cena* schloß sich die *comissatio* an, ein Trinkgelage, das bis nach Mitternacht dauern konnte. Es orientierte sich an dem Vorbild des griechischen Symposions, und die Gäste wurden mit Tanz- und Gesangsauf-führungen sowie Rätseln und Spielen unterhalten.

Häufig wurden sieben Gäste eingeladen, so daß zusammen mit dem Hausherrn und seiner Ehefrau neun Personen anwesend waren. Je drei Personen hatten auf einer Liege Platz. Die Liegen waren huf-eisenförmig angeordnet, so daß die Sklaven die Speisen bequem auf-tragen konnten. Zwischen den drei Liegen stand ein runder Tisch, auf dem die Gerichte serviert wurden; weitere Tische dienten zum Abstellen der Weinbecher. Die Verteilung der Plätze an der Tafel entsprach dem gesellschaftlichen Rang der einzelnen Teilnehmer. Die Hauptperson, d. h. der wichtigste Gast, wurde auf der mittleren Liege plaziert. Rechts von ihm lag der Gastgeber.

83. Was erlebte man bei einem Gladiatorenkampf? Die Gladia-torenspiele waren die beliebtesten Spektakel im Römischen Reich. Viele Städte hatten Arenen, in denen Gladiatoren auf Leben und Tod gegeneinander kämpften. In Rom fanden Gladiatorenkämpfe (*munera*) und Tierhetzen (*venationes*) seit den achtziger Jahren des 1. Jh. n. Chr. in dem von den flavischen Kaisern Vespasian, Titus und Domitian erbauten *Amphitheatrum Flavium* statt. Das größte Amphitheater der römischen Welt, das wir heute *Colosseum* nennen, maß 188 mal 156 m und bot etwa 50 000 Zuschauern Platz. Unter der Arena befand sich ein Labyrinth von Gängen, Kammern und Käfigen. Gladiatoren, Requisiten und Tiere konnten durch Aufzüge aus Holz und durch Falltüren, die in den Boden der Arena einge-lassen waren, zur Überraschung der Zuschauer nach oben gebracht werden.

Die Sitzordnung im Kolosseum spiegelte die römische Gesell-schaftsordnung. Der Kaiser und seine Familie saßen in einer Ehren-loge. Die besten Plätze am Rand der Arena hatten die Senatoren, die nächstbesten die Ritter, das einfache Volk saß weiter oben. Die Frauen mußten sich mit den allerschlechtesten Plätzen auf Holz-bänken in den obersten Rängen begnügen.

Der Besuch der Veranstaltungen war kostenlos. Während der römischen Kaiserzeit nahm die Zahl der Spiele ständig zu. Unter

Augustus (27 v. Chr.–14 n. Chr.) konnte man an 65 Tagen im Jahr zu Gladiatoren- und Tierkämpfen, in den Circus Maximus zu Wagenrennen und in die Theater zu Schauspielaufführungen gehen. Um die Mitte des 4. Jh.s. n. Chr. wurden an 176 Tagen in Rom Spektakel veranstaltet.

Nur der römische Kaiser und reiche Mitglieder der Oberschicht vermochten die teuren Gladiatorenkämpfe zu finanzieren. Die Spiele sollten das Volk unterhalten und die Freigebigkeit des Herrschers und wichtiger Beamter unter Beweis stellen. Die Zuschauer nutzten diese Gelegenheit aber auch, um den Kaisern durch Applaus oder Buhrufe kundzutun, ob sie mit den politischen und wirtschaftlichen Zuständen in der Stadt zufrieden oder unzufrieden waren. Die Arenen waren folglich ein wichtiger Ort der politischen Kommunikation zwischen Herrscher und ‹Volk›.

Seit den ersten Kämpfen, die adlige Römer in der römischen Republik bei den Bestattungsfeierlichkeiten ihrer nächsten Verwandten ausgerichtet hatten, waren vielen Gladiatoren entweder Kriegsgefangene oder Sklaven. Später wurden auch verurteilte Schwerverbrecher in die Arena geschickt. Zu dieser Gruppe zählten die Christen, die wegen ihres Glaubens als Staatsfeinde verfolgt wurden. Die Kämpfer wurden in Gladiatorenschulen ausgebildet. Wer Erfolg hatte und den Kampf auf Leben und Tod drei Jahre überlebte, mußte nicht mehr in die Arena zurück und konnte auf seine Freilassung hoffen. Gar nicht so selten wählten Freiwillige diesen gefährlichen Beruf: Sie hofften, viel Geld zu verdienen.

Seit der frühen Kaiserzeit waren die Gladiatoren unterschiedlich ausgerüstet. In der Arena standen sich die Gladiatoren paarweise, bisweilen auch in größeren Gruppen und mit unterschiedlicher Bewaffnung gegenüber. Darin lag für die Zuschauer der Nervenkitzel. Der *retiarius* kämpfte mit Netz und Dreizack, der *murmillo* mit kurzem Schwert und Rundschild, der *Thrax* mit einem breitrandigen Visierhelm und einem Krummsäbel. Andere traten mit einer Lanze, mit zwei Schwertern oder mit Pfeil und Bogen an. Beliebt waren zudem Kämpfe zwischen wilden Tieren (Tigern, Löwen, Elefanten, Flußpferden, Nashörnern, Bären) und leichtbewaffneten Männern.

Der Kampf endete, wenn ein Gladiator tot war oder als Zeichen der Aufgabe seinen Schild niederlegte und einen Finger hochstreckte. Über sein Schicksal entschied dann das Publikum. Er hatte nur eine Chance, wenn er tapfer gekämpft hatte und beliebt war. Durch Zurufe oder das Schwenken von Tüchern deuteten die Zuschauer an, daß er am Leben bleiben sollte. Zeigte der Daumen nach unten, so wurde er getötet.

84. Warum waren Wagenrennen so beliebt? Römische Wagenrennen (*ludi circenses*) fanden in Freizeitstätten statt, die eigens für diesen Zweck erbaut waren und die die Römer *circus* nannten. Ein *circus* bestand aus einer langen, schmalen Rennbahn, an deren beiden Enden je drei Kegel (*metae*) als Wendemarken dienten. Der Parcours wurde durch eine zentrale Achse (*spina*) geteilt; auf dieser Barriere standen Altäre, Statuen, Obelisken und die Rundenanzeiger (dazu benutzte man auf Holzgerüsten befestigte, eierförmige Gebilde oder Delphine aus Marmor). Der größte *circus*, der *Circus Maximus* in Rom, maß nach seinem Umbau durch Kaiser Trajan (98–117 n. Chr.) ca. 620 x 150 m, die Arena war 580 x 79 m groß, und auf den steinernen Rängen fanden 150 000 bis 200 000 Zuschauer Platz.

In den Startboxen (*carceres*) warteten bis zu zwölf Gespanne, die jeweils von zwei, drei oder vier Pferden gezogen werden konnten (*biga, triga* oder *quadriga*). Die Pferde waren prächtig herausgeputzt, und die Rennfahrer trugen einen Helm, hielten eine Peitsche in der Hand, schützten ihre Knie und Schenkel durch Binden und schlangen sich die Zügel um die Brust. Sie durften die weiße Startlinie erst passieren, nachdem der Beamte, der die Spiele ausrichtete, unter Trompetenstößen das Zeichen zum Start gegeben hatte, indem er ein weißes Tuch (*mappa*) in die Arena warf. Dann fiel die zwischen den Startboxen gespannte Leine, und die Gefährte stürmten los. Sieben Runden mußten zurückgelegt werden. Bei der weißen Ziellinie saßen die Preisrichter, die den Gewinner ausriefen. Aber auch entlang der Rennstrecke waren Schiedsrichter postiert, die auf regelgerechtes Verhalten beim Start, beim Überholen und an den Wendepunkten achteten.

Erwachsene Männer und Frauen, aber auch Jugendliche besuchten die *ludi circenses*. Die Besucher saßen auch hier nach ihrem gesellschaftlichen Rang: Die besten Sitze in unmittelbarer Nähe zur Arena hatten Senatoren und Ritter. Den Frauen waren – im Gegensatz zu den Gladiatorenspielen – keine gesonderten Plätze zugewiesen, was den *circus* zum idealen Ort für einen Flirt machte, wie der Dicher Ovid (43 v. Chr.–17/18 n. Chr.) bezeugt. Die Schnelligkeit der Pferde und die Kunst der Wagenlenker faszinierten das Publikum. Viele schlossen vor Rennbeginn Wetten ab. Einen besonderen Nervenkitzel boten riskante Überholmanöver in einer der beiden engen Wendekurven, bei denen es oft zu Karambolagen mit Verletzten und Toten kam. Die Zuschauer begeisterten sich für ein ‹Team› (*factio*), das durch eine bestimmte Farbe gekennzeichnet war. Es gab die Weißen (*factio albata*), die Blauen (*factio veneta*), die Roten (*factio russata*) und die Grünen (*factio prasina*). Jeder Wagenlenker trug ein entsprechend gefärbtes ‹Tricot› (*pannus*). Die Kaiser und ihre Familien unterstützten entweder die Grünen oder die Blauen.

Die Angehörigen dieses Berufsstandes waren meist Sklaven. Dennoch feierte das Publikum erfolgreiche Wagenlenker, die mehrmals am Tag an den Start gingen, als Stars. Wer mehr als 1000 Siege eingefahren hatte, zählte zur Elite der *miliarii* und wurde zum Millionär. Der Wagenlenker Diocles hatte nach 4257 Rennen und 1462 Siegen 36 Millionen Sesterzen verdient. Für Scorpus wurden im letzten Drittel des 1. Jh.s n. Chr. sogar Ehrenstatuen in der Stadt Rom aufgestellt; er starb in der Rennbahn im Alter von 27 Jahren – nachdem er 2048 Siege errungen hatte.

Von der Massenunterhaltung im *circus* hielten römische Intellektuelle nichts. Der römische Dichter Juvenal (ca. 55–130 n. Chr.) kritisierte, das Volk von Rom verlange nur noch *panem et circenses*: verbilligtem Getreide und aufwendigen Circusspielen. Später übten christliche Schriftsteller scharfe Kritik an den Wagenrennen.

85. Was ist ein Triumph? Ein Triumph ist ein Siegeszug, den in der römischen Republik ein Feldherr, der einen Krieg gewonnen hatte, anführen durfte, sofern ihn seine Soldaten zum *imperator* ausgerufen hatten und der Senat seine Zustimmung erteilt hatte. Der Triumphzug wurde auf dem Marsfeld zusammengestellt. Daran nahmen der Feldherr und seine Truppen teil, aber auch Senatoren, Liktoren (Amtsdiener) mit ihren Rutenbündeln (den *fasces*) und Priester mit Opfertieren. Auf Wagen wurden Beute und Gefangene mitgeführt. Der Triumphator trug ein Purpurgewand, war mit Lorbeer bekränzt und hatte sein Gesicht mit roter Mennige bemalt. Er fuhr auf einer Quadriga, einem vierspännigen Wagen, auf der Via Sacra über das Forum Romanum bis zum Kapitol, wo er dem höch-

Abb. 11: Ostseite des Titus-
bogens mit der Widmungs-
schrift für den bereits verstorbenen Kaiser. Im kleinen Fries
über dem Bogen ist der
Triumphzug dargestellt.

sten römischen Gott, Juppiter Optimus Maximus, opferte, um für
den Sieg Dank zu sagen und um sein Heer zu entsühnen. Die Bevölkerung Roms jubelte dem siegreichen Feldherrn und seinen Truppen zu. Ein Sklave, der hinten auf dem Wagen stand, erinnerte den
Triumphator an seine Sterblichkeit, indem er sagte: *memento te
hominem esse* («Bedenke, daß du ein Mensch bist»).

Für einen römischen Aristokraten war der Triumph ein
Höhepunkt seiner Laufbahn. Sein Sieg war zugleich ein Sieg für die
res publica, und sein Ansehen und das seiner Familie wuchsen.
Denkmäler, Statuen und Münzen erinnerten an ihn. Die Adligen
wetteiferten um die größten militärischen Leistungen und beschleu-
nigten so die Expansion der römischen Herrschaft.

Seit Augustus triumphierten allein noch der Kaiser und die
Angehörigen seiner Familie. Für sie wurden große Siegesmonu-
mente errichtet. So erinnerte der sogenannte Titusbogen auf dem
Forum Romanum an den Triumph Vespasians (69–79 n. Chr.) und
seines Sohnes Titus (79–81 n. Chr.) im jüdischen Krieg 71 n. Chr.

86. Wie sah ein Villengarten aus? Gartenanlagen waren ein fester
Bestandteil der römischen Villenarchitektur. Über ihr Aussehen
haben wir Kenntnis durch literarische Quellen, gemalte Gartendar-
stellungen und die Überreste in den verschütteten Vesuvstädten.

Die Luxusgärten der Villenarchitektur dienten der grandiosen Inszenierung der Natur. Ein streng axiales System von Wegen, Säulenhallen, Laubengängen und Wasserläufen erschloß jeden Winkel. Zum Idealbild des Parks gehörte auch die Illusion überbordender Fruchtbarkeit. Besonders beliebt war der Buchsbaum, der zu Tiergestalten, Jagdszenen und Schlachtdarstellungen zurechtgestutzt wurde, aus dem aber auch Buchstaben modelliert werden konnten, die entweder den Namen des Landschaftsarchitekten oder den des Besitzers abbildeten. Hinzu kamen Vogelhäuser, Wildgehege und Fischbassins. Die Natur wurde durch die gestalterische Kraft des Menschen Teil eines komplexen künstlerischen Arrangements, das auf Abwechslung und Ordnung ausgerichtet war.

Anspruchsvolle botanische und bauliche Strukturelemente waren häufig anzutreffen. Großflächige lineare Gliederungen konnten durch Wege, Hecken und Baumreihen hergestellt werden. Die solchermaßen eingefaßten Innenflächen wiesen einfachen Grasbewuchs oder dichtstehende Blumenreihen auf. Auch langgestreckte Wasserbecken gliederten den Garten oder größere Teilbereiche. Überall fanden sich griechische Statuen. Gerne wurden Szenen aus Homer auf die Bühne des Gartens gebracht. Die überdeckten Wandelgänge und Säulenhallen waren wie in Griechenland Orte des intellektuellen Gespräches. Auch die Gartenkultur ist ein Modellfall der Hellenisierung der römischen Aristokratie.

Die Villengärten dienten dem ästhetischen Genuß und manifestierten zugleich den sozialen Status des Besitzers. Innerhalb der adligen Gesellschaft war eine prächtige und teure Villa die notwendige Voraussetzung zur standeskonformen Darstellung des *otium* («Muße»), d. h. des Teiles aristokratischer Lebensführung, der als frei von unmittelbarer politischer Tätigkeit verstanden wurde. Also wurden die schlichten Landhäuser in luxuriöse Paläste und die einfachen Catonischen Obst- und Gemüsegärten in riesige Parks verwandelt. Die römischen Aristokraten imitierten seit dem 2. Jh. v. Chr. die hellenistischen Dynasten, die ihrerseits die orientalischen Vorbilder nachgeahmt hatten. Aber die römische Aneignung war kein blindes Nacheifern, sondern die Anpassung an die Erfordernisse der eigenen Gesellschaft und Ideologie.

Frauen und Männer – und die Alte Geschichte

86. Wer war Penthesileia? Penthesileia war in der griechischen Mythologie die Tochter des Kriegsgottes Ares und der Amazonenkönigin Otrere. Nach Hektors Tod eilte sie, um sich von einer Blutschuld zu reinigen, den bedrängten Troianern zu Hilfe, tötete einige Griechen, wurde dann aber von Achill erschlagen, der sich in die Sterbende verliebte, seine Tat bedauerte und Penthesileia den Troianern zur Bestattung übergab. Achills Liebe zu Penthesileia ist seit der Antike immer wieder dargestellt und bearbeitet worden. Der Stoff diente Heinrich von Kleist als Vorlage für sein gleichnamiges Drama und Hugo Wolf für seine symphonische Dichtung «Penthesilea».

Penthesileia galt als Königin der Amazonen, eines Volkes kriegerischer Frauen, über deren tatsächliche Existenz man im Altertum ebenso gestritten hat wie in der Neuzeit. Amazonen treten in drei großen Sagenkreisen auf, in denen Männer gegen Frauen stritten: dem Kampf um Troja, dem Herakles-Mythos und der Theseus-Sage. Amazonen wurden als Reiterinnen in Bronze gegossen, auf Friesen und als Statuen dargestellt und auf Vasen verewigt. Die antike Ethnographie überlieferte zahlreiche wundersame Geschichten über die Amazonen. Im Land der Frauenherrschaft sollen Männer nur zur Zeugung von Nachkommen geduldet worden sein. Als Heimat eines kriegerischen Amazonenstammes galten Kleinasien, Kappadokien, Kolchis, der Kaukasus und sogar Libyen. Eine antike Etymologie erklärte den Namen irrtümlich als die «Brustlosen», weil sie ihren Töchtern die rechte Brust abgeschnitten oder ausgebrannt hätten, damit diese später den Bogen ungehindert abschießen konnten. Christliche Autoren empörten sich über die Frauen in Männerkleidern, die Knie, Oberarm und Brust entblößten.

Die Mehrzahl der antiken Autoren glaubte, daß es ein solches Frauenvolk, das den Männern Furcht und Schrecken einflößte, gegeben habe. Frauenmacht und Frauenherrschaft wurden aber als unvereinbar mit einem geordneten Gesellschaftssystem angesehen und daher in einzelnen Mythen und Erzählungen an die Ränder der zivilisierten Welt verlegt. In der Neuzeit sah man in den Erzählungen über die Amazonen eine Erinnerung an alte, mutterrechtliche Ordnungen im Mittelmeerraum, einen Reflex griechischer Vorstellungen über barbarische Frauen, eine Anspielung auf waffentragende Priesterinnen, einen Hinweis auf Nomadenkriegerinnen der zentralasiatischen Steppe, eine Umdeutung der bartlosen Hethiter, eine mythische Darstellung doppelgeschlechtlicher Wesen oder schlicht eine Projektion männlicher Sexualphantasien.

87. Wer war Leonidas? «Wanderer, kommst du nach Sparta, verkündige dorten, du habest / Uns hier liegen gesehn, wie das Gesetz es befahl.» Schiller übersetzte mit diesem berühmten Vers ein griechisches Epigramm, das dem Dichter Simonides (ca. 556 bis 468 v. Chr.) zugeschrieben wird und den aussichtslosen Kampf des spartanischen Königs Leonidas und seiner Schar gegen eine persische Übermacht im Jahre 480 v. Chr. verherrlicht.

Der historische Hintergrund der Verse ist rasch skizziert: Um diejenigen Städte des griechischen Mutterlandes abzustrafen, die den Ionischen Aufstand (500–494 v. Chr.) unterstützt hatten, unternahm der persische Großkönig Dareios I. (522–486 v. Chr.) zwei Strafexpeditionen. Die eine erlitt Schiffbruch in der stürmischen Ägäis, die andere endete 490 in der Ebene von Marathon, als athenische Hopliten, verstärkt durch ein Kontingent aus Plataiai, den weit überlegenen Feind besiegten. In einem erneuten Vergeltungszug seines Sohnes und Nachfolgers Xerxes (486 bis 465 v. Chr.) sollten zehn Jahre später die unbotmäßigen Stadtstaaten am Rande der Welt zur Räson gebracht werden. Nichts wurde nun dem Zufall überlassen. Im Frühjahr 480 war es soweit: Die Perser rückten zu Lande und zu Wasser an. Nach längeren Diskussionen entschlossen sich 30 kampfbereite griechische Poleis, nachdem sie das Tempetal im Norden Thessaliens bereits kampflos preisgegeben hatten, den Thermopylenpaß in Mittelgriechenland gegen das persische Landheer zu verteidigen, und entsandten ein peloponnesisches Aufgebot unter dem Kommando des spartanischen Königs Leonidas. Die Flotte bezog am Kap Artemision Stellung. Doch den persischen Truppen gelang es, nach dreitägigem Kampf das Hindernis auf einem Bergpfad zu umgehen. Als Leonidas die Nachricht von der Wendung des Schlachtenverlaufs erhielt, entließ er die Verbündeten und stellte sich mit seinen 300 spartanischen Vollbürgern, unterstützt von 1100 weiteren griechischen Soldaten, dem Feind, den sicheren Tod vor Augen. Mittelgriechenland und Attika waren verloren: Athen wurde evakuiert. Die wehrlose Stadt wurde von den Persern vollständig zerstört.

Der bedingungslose Gehorsam des Leonidas ist immer wieder als höchste Pflichterfüllung gepriesen worden, von Cicero, der das Epigramm des Simonides ins Lateinische übersetzte, über die *citoyens* der französischen Stadt Saint-Marcellin, die 1793 ihrem christlichen Glauben abschworen und ihre Kommune in «Thermopyles» umbenannten, bis zu dem Nationalsozialisten Hermann Göring, der in demagogischer Absicht das antike Geschehen vergegenwärtigte, um den sinnlosen Untergang der Sechsten Armee in Stalingrad im Januar 1943 zu rechtfertigen.

Die althistorische Forschung hat zahlreiche Gründe angeführt, warum Leonidas in aussichtsloser Lage die Stellung hielt. Einige haben ihn sogar der militärischen Unfähigkeit geziehen. Am wahrscheinlichsten ist die Vermutung, daß der König sich und seine Getreuen opferte, um die griechische Sache, die ohnehin nur von einer Minderheit getragen wurde, zu retten. Hätten sich die Spartaner nach kurzem Kampf hinter die dritte Verteidigungslinie, den Isthmos von Korinth und damit auf ihr Gebiet zurückgezogen, wäre das antipersische Verteidigungsbündnis in sich zusammengefallen.

88. Wer war Perikles? Mit dem Namen des Perikles untrennbar verbunden sind die athenische Dominanz im Attischen Seebund, die kulturelle Blüte der Stadt Athen und die Demokratisierung der Polisinstitutionen. Seine Zeitgenossen hat er polarisiert, im Theater wurde er heftig kritisiert; ihm wurde vorgehalten, aus innenpolitischem Kalkül den Peloponnesischen Krieg vom Zaun gebrochen zu haben, der 431 v. Chr. ausbrach und 404 v. Chr. mit Athens Niederlage endete. Perikles hat sie nicht mehr erlebt, denn er starb bereits 429 v. Chr. an einer in Athen grassierenden Seuche.

Auf Perikles' Initiative ging die Einführung der ‹Diäten› (griech. *misthós*: «Lohn», «Sold») für die Geschworenen der Gerichtshöfe, dann für die Ratsmitglieder und wohl auch für etliche Beamte zurück. Erst nach dem Peloponnesischen Krieg kamen Zahlungen für den Besuch der Volksversammlung und der Feste hinzu. Doch die antike Überlieferung hat auch diese Errungenschaft Perikles zugeschrieben. Die Diäten deckten knapp den Unterhalt einer Kleinfamilie. Die verschiedenen Aufgaben der Gerichte und des Rates, die im Zuge der Expansion des Seebundes ständig zunahmen, konnten nur dann von möglichst vielen Bürgern übernommen werden, wenn sie einen Ausgleich für die entgangene Arbeitszeit erhielten. Die Diätenzahlungen waren eine Konsequenz der fortschreitenden Politisierung der gesamten Bürgerschaft.

Das Bürgerrechtsgesetz des Perikles bestimmte, daß niemand in Athen das Bürgerrecht erhalten sollte, dessen Eltern nicht Bürger der Stadt waren. Die Motive des Gesetzes sind strittig; es scheint, als habe Perikles vor allem die Zahl derer begrenzen wollen, die von den politischen und wirtschaftlichen Möglichkeiten des aufblühenden Athen und seiner demokratischen Verfassung profitierten. Die Beschränkung der Bürgerzahl sollte die Demokratie zudem arbeitsfähig halten. Das Gesetz, das die Kluft zwischen Bürgern und Nichtbürgern vergrößerte, war ebensowenig wie die Einführung der Diäten nur tagespolitischen Überlegungen verpflichtet.

Unter Perikles betrieb Athen eine offensive Außenpolitik, zwang seine Bundesgenossen mit Gewalt zur Loyalität und exportierte seine demokratische Verfassung. Innenpolitische Auseinandersetzungen um Seebund- und Finanzpolitik wurden in der Forschung bisweilen mit einer «Zwei-Parteien-Theorie» erklärt: Hier habe der «konservative» Aristokrat Thukydides, Sohn des Melesias (Melesiou), gestanden, der gemeingriechischen Idealen verpflichtet gewesen sei und zu defensiver Strategie gemahnt habe, dort der ‹radikale› Demokrat Perikles, der von des attischen Reiches Herrlichkeit geträumt und die Tribute der Seebundstaaten für seinen Machterhalt verwendet habe. Dieser Gegensatz ist anachronistisch. Tatsächlich stritt man um die Methoden der Seebundpolitik, nicht um die Inhalte. Eine expansive Strategie im Interesse Athens wurde von keinem Politiker prinzipiell abgelehnt. Während die reicheren aristokratischen Gegner durch Geschenke, Spenden und Leiturgien sich Unterstützung verschafften, versuchte Perikles eher, von den Vorteilen zu profitieren, die den athenischen Bürgern aller Schichten durch den Seebund direkt oder indirekt zuteil wurden.

Nachdem 443 v. Chr. Thukydides Melesiou verbannt worden war, erreichte Perikles seinen größten politischen Einfluß. Fünfzehnmal in Folge wurde er zu einem der zehn militärischen Führer («Strategen») gewählt. Doch das Athen der Pentekontaëtie, d. h. das ‹klassische› Athen des rund fünfzigjährigen Zeitraums vom Ende der Perserkriege 479 v. Chr. bis zum Ausbruch des Peloponnesischen Krieges 431 v. Chr., ist nicht das ‹Produkt› des Perikles, sondern das Ergebnis vielfacher, voneinander abhängiger Entwicklungen in der Innen- und Außenpolitik und der politischen Teilhabe breiter Schichten der Bürgerschaft. Perikles war, wie ein Althistoriker einmal treffend formulierte, der «brillante Geschäftsführer einer imperialen Demokratie».

89. Wer war Medea? Das Schicksal der Medea (griech. Medeia) gehört zu den berühmtesten Stoffen der Weltliteratur. Sie ist eine Schöpfung des thessalischen Argonautenmythos. In der griechischen Sage ist Medea die zauberkundige Tochter des Königs Aietes von Kolchis am Schwarzen Meer.

Als Iason, der Anführer der 50 «Argo-Schiffer», der Argonauten, nach Kolchis kam, um das Goldene Vlies, das Fell eines goldenen Widders, im Auftrag des Pelias, des Königs von Iolkos, zu holen, verliebte sich Medea in den jugendlichen Krieger. Ohne zu zögern, half sie Iason, die Aufgaben zu lösen, die ihm der König stellte und die er lösen mußte, bevor er das Vlies erhielt. Ihren Zauberkünsten war es zu verdanken, daß Iason mit feuerschnaubenden Stieren zu pflügen vermochte und gepanzerte Recken, die aus Drachenzähnen hervorgewachsen waren, niederringen konnte. Aber Aietes dachte nicht daran, sein Versprechen zu erfüllen. So raubte Iason des Nachts das Vlies, nachdem sein Wächter, der furchterregende hundertäugige Drache, durch ein Zaubermittel Medeas eingeschläfert werden konnte.

Mit Iason und seinen Männern floh Medea aus der Heimat. Um den Vater, der sie verfolgte, aufzuhalten, tötete sie ihren Bruder Apsyrtos und warf seine Glieder ins Meer. Aietes barg den Leichnam seines Sohnes, und die Fliehenden gewannen den rettenden Vorsprung. Auf Iasons Schiff, der Argo, die einst unter der Anleitung der Göttin Athena gebaut worden war, feierten die beiden Hochzeit. Auf einer langen, abenteuerreichen Reise kehrten sie nach Iolkos am Golf von Pagasai in Thessalien zurück, wo Pelias inzwischen Iasons Vater und seine Familie in den Tod getrieben hatte. Medea nahm in Iasons Auftrag furchtbare Rache. Sie täuschte Pelias' Töchter, daß sie ihren Vater verjüngen könnten, wenn sie ihn zerstückelten und kochten. Doch den Verjüngungszauber, den Medea zuvor an einem Widder demonstriert hatte, wandte sie jetzt nicht an.

Nach dieser Tat vertrieb Akastos, Pelias' Sohn, Iason und Medea aus Iolkos. Sie fanden Zuflucht in Korinth. Dort lebten beide glücklich, bis Iason um eine der Töchter des Herrschers Kreon warb und Medea verstieß. Aus Rache tötete sie ihre Nebenbuhlerin, ihren Mann und die zwei Söhne, die sie Iason geboren hatte. Die Leichen der Kinder bestattete sie auf der Burg von Korinth im Heiligtum der Hera und floh auf dem von Schlangen gezogenen Wagen ihres Großvaters Helios nach Athen.

Die Geschichte der Zauberin Medea ist bereits in der Antike in vielfachen Varianten erzählt worden. Der hellenistische Dichter Apollonios von Rhodos (3. Jh. v. Chr.) hat das Geschehen in seinem großen Epos über die Argonauten packend dargestellt. Die Liebe zwischen Iason und Medea ist das beherrschende Thema, doch vom tragischen Ausgang dieser leidenschaftlichen Beziehung weiß er nichts zu berichten. Den Mord an ihren Kindern hatte Euripides bereits 431 v. Chr. auf die athenische Bühne gebracht. Der Neuzeit vermittelte Seneca (gest. 65 n. Chr.) die Gestalt der Medea. Über 200 Bearbeitungen kennt die Weltliteratur, Medea ist Gegenstand von Dramen, Epen, Novellen, Romanen und Opern; Maler und Bildhauer haben ihre Gestalt verewigt.

1996 wurde Medea durch Christa Wolf rehabilitiert: In ihrem Roman «Medea: Stimmen» ist die Heroine nicht Täterin, sondern Opfer. Iason verläßt sie kalt berechnend, um die korinthische Thronfolgerin zu heiraten. Medea wird durch die Untreue ihres Mannes jedoch nicht zur Mörderin: Sie begeht Selbstmord, und der aufgebrachte korinthische Mob bringt ihre Kinder um. Die begeisterte Aufnahme, die Christa Wolfs Roman gefunden hat, belegt die auch heute noch ungebrochene Faszination, die vom griechischen Mythos ausgeht.

90. Wer war Alexander? 356 v. Chr. wurde Alexander als legitimer Sohn des makedonischen Königs Philipp II. und der Olympias, einer Prinzessin aus Epirus, geboren. Der Vater hinterließ ein militärisch starkes und politisch geeintes Reich, das auch die Vorherrschaft über Griechenland besaß. Alexander erbte die Idee eines Feldzuges gegen Persien, der die Invasion des Xerxes von 480/79 v. Chr. rächen und die kleinasiatischen Griechenstädte befreien sollte. 334 setzte er mit 32 000 Fußsoldaten und 5000 Reitern nach Asien über. Dann ging es Schlag auf Schlag: Noch im selben Jahr siegte er am Fluß

Granikos, 333 triumphierte er über ein persisches Heer bei Issos in Nordsyrien, 332 besetzte er kampflos Ägypten, und 331 vernichtete er das letzte Aufgebot des Perserkönigs bei Gaugamela unweit des Tigris. Alexander nahm Babylon, Susa und Persepolis ein. Im Sommer 330 hatte er alle Residenzen des Perserreiches erobert, und der achämenidische Großkönig war von Verschwörern ermordet worden. Der Rachefeldzug war zu Ende. Doch Alexander zog weiter, durchquerte die Landschaften des heutigen Iran und Afghanistan, überwand den Hindukusch und erreichte schließlich Indien.

Erst als die Soldaten meuterten, trat er im Herbst 325 den Rückzug an. Im Frühjahr 324 wurden in Susa die Siege gefeiert. Ein gutes Jahr später, mitten in den Vorbereitungen zum Arabienfeldzug, starb Alexander in Babylon. Rasch machte das Gerücht die Runde, er sei Opfer eines Giftmordes geworden. Doch wahrscheinlich verlor er, von Verwundungen und Alkoholexzessen geschwächt, den Kampf gegen die Malaria. Die Nachfolge war nicht geklärt. Seine Generäle zerstörten in blutigen Diadochenkämpfen die Einheit des Weltreiches, das mit Alexander seine Mitte verloren hatte.

Was trieb Alexander an, in unbekannte Länder vorzudringen und ein gigantisches Reich zu erobern? Die Antworten auf diese Frage sind kaum mehr zu zählen. Ein schwieriges Problem ist die Überlieferung. Von der reichhaltigen Literatur, die noch zu Lebzeiten Alexanders oder kurz nach seinem Tod entstand, sind nur wenige Fragmente erhalten. Wir sind bei unserer Rekonstruktion der Motive des Königs auf Darstellungen angewiesen, die Hunderte von Jahren später niedergeschrieben wurden und von älteren Autoren abhängen. Zugleich verstellen unzählige Legenden den Blick auf die historische Figur. Die Forschung hat die verschiedenen antiken Alexanderbilder aufgegriffen: Hier ist Alexander der rücksichtslose und trunksüchtige Hedonist, dessen militärische Erfolge auf schier unglaublichem Glück beruhen. Dort erscheint er als größter Krieger seines Zeitalters und als begnadeter Visionär, der Orient und Okzident verbinden will.

Alexander wurde seit seiner Jugend von der Sehnsucht, es den homerischen Helden gleichzutun, immer der erste zu sein und die anderen zu überragen, angetrieben. Und seine ungeheueren Erfolge führten ihn immer weiter, bis an das Ende der Welt. Doch der mythos-bewegte König war kein blind Getriebener, kein irrationaler

Träumer, sondern ein rational handelnder Stratege und kalt berechnender Machtmensch. Seine Umgebung teilte er in Freund und Feind, die einen lockte er mit Zuwendungen und Auszeichnungen, die anderen schreckte er mit Gewalt und Vernichtung. Systematisch errichtete er ein charismatisches Königtum, das makedonische, griechische und persische Traditionen verschmolz. Das von Alexander geschaffene Reich überlebte seinen Schöpfer nicht. Doch die Folgen seines Tuns waren weitreichend. Alexander begründete eine neue, universale Form absoluter Herrschaft, und er öffnete den Nahen und Mittleren Osten der griechischen Zivilisation. Die vielfältigen Kontakte der Griechen mit den Nichtgriechen leiteten einen Prozeß ein, den wir als «Hellenisierung» bezeichnen und der die verschiedenen Mittelmeerregionen – trotz des Fortbestandes spezifischer Traditionen – zusammenführte.

91. Wer war Lucretia? Die ergreifende Geschichte der tugendhaften Römerin, die von dem Königssohn Sextus Tarquinius vergewaltigt wurde, ihren Gatten Collatinus zusammen mit Lucius Iunius Brutus und Publius Valerius zur Rache verpflichtete, sich selbst tötete und durch dieses Fanal den Untergang der etruskischen Königsherrschaft in Rom einleitete – diese Geschichte kannte von der Blüte der römischen Republik bis in die jüngste Vergangenheit hinein jeder Gebildete.

Die bekannteste Fassung der einprägsamen Legende findet sich im ersten Buch des Geschichtswerks des Titus Livius (59 v.Chr. – 17 n.Chr.). Seit dem 19. Jh. wird der Quellenwert der livianischen Überlieferung für die Rekonstruktion der Geschichte des frühen Rom in Frage gestellt. Allerdings sind die Berichte des Livius als zeitgeschichtliche Quelle – vor allem für die augusteische Zeit – von herausragender Bedeutung. Wenn also die aktuelle Forschung erhebliche Zweifel an der Historizität der beschriebenen Taten und Handlungen, gar an den Personen selbst hegt, so ist unbestritten, daß die bei Livius kanonisierten *exempla maiorum* («Beispiele der Altvorderen») aus der Frühzeit Roms ihren festen Platz im historischen Bewußtsein der gebildeten Elite der Republik wie der Kaiserzeit und der Spätantike hatten und einen Codex aristokratischen und ‹republikanischen› Verhaltens begründeten.

Livius überliefert die Geschichte der Lucretia als politische Tat: Mit ihrer Vergewaltigung hatte sich die Königsherrschaft in Rom endgültig als Tyrannis entlarvt. Bei Livius wird Lucretia zu einer Chiffre für den «Staat», für die *res publica*, die durch Tarquinius Superbus vergewaltigt wurde. Lucretia war, daran läßt Livius keinen Zweifel, völlig schuldlos. Der Täter war der Königssohn. Gewalt siegte über Tugend. Aber Lucretia tötete sich dennoch, nachdem sie das Unrecht, das ihr widerfahren war, öffentlich gemacht hatte. Denn auch die ohne Verschulden beschmutzte Tugend war keine Tugend mehr. Indes, Lucretia bestrafte sich nicht, sondern erflehte durch ihren Selbstmord die Versöhnung der Götter. Der Tod der alten königlichen *res publica* ging einher mit dem Tod der befleckten Matrone. Die römische Republik trat, wie kürzlich treffend beobachtet wurde, «nicht mit der Last eines besudelten Anfangs ins Leben». Zugleich legitimierte des Tarquinius' Schandtat die Vertreibung des königliches Geschlechtes. Die neue Ordnung der ‹freien Republik› (*res publica libera*) ruhte auf rechtlich einwandfreier Grundlage.

Doch Livius machte Lucretia darüber hinaus zu einem *exemplum* weiblicher Tugenden (*castitas* und *pudicitia*), das sich nahtlos in das restaurative Programm der Ehegesetzgebung des Augustus einfügte.

Die Lucretia-Episode ist oft behandelt worden, von den christlichen Autoren der Spätantike über Dante, Boccaccio, Petrarca und Machiavelli bis zu Hans Sachs und William Shakespeare. Auch die bildlichen Darstellungen sind zahlreich. Dürer, Tizian, Lucas Cranach d. Ä., Rembrandt und viele andere haben Lucretia gemalt und damit ihre eigene Zeit illustriert. Das Deutungsangebot wurde noch im 20. Jahrhundert ergänzt – etwa durch Benjamin Brittens Oper *The Rape of Lucretia*.

92. Wer war Hannibal? Zu Beginn des 3. Jh.s. v. Chr. herrschten die Römer über ganz Mittel- und Unteritalien. Aus dem kleinen Stadtstaat am Tiber war ein mächtiges Gemeinwesen geworden. Im westlichen Mittelmeer gab es nur eine Macht, die Rom die Stirn bieten konnte: Karthago. Die Stadt war einst von Phöniziern als Kolonie auf dem Gebiet des heutigen Tunesien gegründet worden. Die Karthager, die nach ihrer Sprache, dem Punischen, auch Punier genannt werden, waren erfolgreiche Händler und erfahrene Seeleute. Zunächst hatte zwischen Rom und Karthago ein durchaus freundschaftliches Verhältnis geherrscht. Man schloß Verträge und trieb Handel. Doch dann kam es zum Krieg.

Der Konflikt entbrannte um Sizilien. Die reiche Insel war eine ‹Brücke› zwischen Italien und Nordafrika. Die Karthager betrachteten Sizilien als ihren Einflußbereich, aber auch Rom wollte seine Herrschaft auf die Insel ausdehnen. Streit zwischen zwei sizilischen Städten bot beiden Seiten Anlaß, Truppen zu entsenden. Die Römer mußten viele Niederlagen einstecken, blieben aber schließlich Sieger in dem «Ersten Punischen Krieg» (264–241 v. Chr.). Rom gewann Sizilien und zwang wenig später die Karthager, auch Korsika und Sardinien aufzugeben.

Karthago versuchte durch Eroberungen in Spanien die Gebietsverluste auszugleichen. 218 v. Chr. kam es dort zum Ausbruch des «Zweiten Punischen Krieges», nachdem die Karthager den Fluß Ebro überschritten hatten, der die Grenze des karthagischen Herrschaftsgebietes in Spanien bildete. Der geniale Feldherr Hannibal führte im Spätherbst 218 v. Chr. ein riesiges Heer über die Alpen. Durch seine geschickte Kriegführung schlug er die Römer noch im selben Jahr in Norditalien am Ticino und an der Trebia, im nächsten Jahr am Trasimenischen See und 216 v. Chr. schließlich in Süditalien bei Cannae. 80 000 Mann hatte Rom dort ins Feld geschickt, 50 000 sollen gefallen sein. Nie zuvor hatten die Römer eine solche Katastrophe erlebt! Rom schien verloren.

Doch die meisten Verbündeten in Italien liefen nicht zu Hannibal über. Die Römer retteten sich über die schwierigste Phase des Krieges durch eine konsequent defensive Strategie. Hartnäckig versuchten sie, Hannibal vom Nachschub abzuschneiden. Schließlich wendete sich das Kriegsglück: Die Römer besiegten die Karthager auf Sizilien und in Spanien und setzten dann mit einem Heer nach Nordafrika über. Bei der Stadt Zama verlor Hannibal, der so viele Schlachten gewonnen hatte, 202 v. Chr. den Krieg. Die siegreichen Römer diktierten harte Friedensbedingungen: Karthago mußte an Rom seine spanischen Gebiete abtreten, 260 Tonnen Silber als Entschädigung zahlen und fast alle der 500 Kriegsschiffe ausliefern; außerdem büßte es seine außenpolitische Handlungsfreiheit ein. Rom war jetzt die unumstrittene Vormacht im gesamten westlichen Mittelmeerraum.

Obwohl Karthago kein ernsthafter Gegner mehr war, nutzte Rom einen Vorwand, um es im «Dritten Punischen Krieg» (149–146 v. Chr.) völlig zu vernichten. Hannibal erlebte den Untergang seiner Heimat nicht mehr, in die er nach seiner Niederlage zurückgekehrt war. Nachdem sein Versuch, die karthagische Verfassung zu reformieren, von innenpolitischen Gegnern, die ihn der antirömischen Verschwörung bezichtigten, hintertrieben worden war, befand er sich ständig auf der Flucht vor den Römern. Als 183 v. Chr. seine Auslieferung drohte, tötete er sich in Libyssa an der Nordküste des Golfs von Izmit durch Gift.

93. Wer waren die Gracchen? Tiberius Sempronius Gracchus, Sohn eines zweifachen Konsuls, dazu hochgebildet und begabt, hatte eine glänzende Karriere vor sich. Als diese jedoch durch seine Beteiligung an einem für Rom schmachvollen Friedensschluß in Spanien ins Stocken geriet, mußte er um die Zustimmung des römischen Volkes werben, die er sonst leicht gefunden hätte. Zu diesem Zweck griff er als Volkstribun ein in der Nobilität bereits diskutiertes Vorhaben auf: Weite Regionen Süditaliens, die nach den Verwüstungen durch den Hannibalkrieg ausschließlich in Form von Großgütern und mit zahlreichen Sklaven bewirtschaftet wurden, sollten wieder eine gesunde agrarische Mischstruktur erhalten. Dazu galt es, Kleinbauern anzusiedeln, was auch deshalb notwendig war, weil es in Italien – wie in vielen vormodernen Gesellschaften – ein kopfstarkes Landproletariat gab; da diese Bürger sich nicht mehr selbst ausrüsten konnten, fielen sie für die Milizarmee Roms als Soldaten aus.

Engstirniges Besitzdenken, Furcht vor den Folgen des Reformprojektes, aber auch sachliche Gründe veranlaßten die Senatsmehrheit jedoch, diese Initiative abzulehnen. Als Tiberius den Widerstand mit allen Mitteln zu brechen suchte, geriet der Konflikt außer Kontrolle. Der glänzende Redner machte die Versammlung der Plebejer (*concilium plebis*) zu einer mit dem Senat konkurrierenden Entscheidungsinstanz. Diese neue verfassungspolitische ‹Konzeption› brach radikal mit der Tradition (*mos maiorum*). Als sich Tiberius Gracchus Ende 133 v. Chr. zum Volkstribun wiederwählen lassen wollte, erschlugen ihn aufgebrachte Senatoren. Seine Leiche wurde in den Tiber geworfen.

Gaius Sempronius Gracchus setzte 123/22 v. Chr. das Reformprogramm seines Bruders fort. Aber er wollte nicht nur den Erschlagenen rächen. Seine zahlreichen Gesetzesinitiativen zielten auf eine Verbreiterung seiner Machtbasis als Volkstribun und auf die Schwächung des Senats. Zu diesem Zwecke politisierte er neben der armen Landbevölkerung auch die stadtrömische *plebs*, die Ritter und die Italiker. Aber er hatte keinen anhaltenden Erfolg. Gaius Gracchus und seine Anhänger unterlagen im Straßenkampf; der Volkstribun ließ sich von einem seiner Sklaven umbringen. Sein Kopf wurde mit Gold aufgewogen.

Die konservative Absicht, das idealisierte kleine und mittlere Bauerntum wiederherzustellen, erwies sich angesichts der tiefgreifenden sozialen und wirtschaftlichen Veränderungen als illusorisch. Die Italikergesetzgebung scheiterte an dem Opportunismus der römischen Vollbürger, die ihr Stimmrecht mit den Italikern nicht teilen wollten. Die Ritter trugen nicht zur Stabilisierung der *res publica* bei, da sie nur an ihre ökonomischen Interessen und nicht an das Gemeinwohl dachten. Die innen- und außenpolitischen Folgen der gracchischen Politik waren dennoch schwerwiegend. Ihr politisches Handeln, das offenkundige Mißstände in der *res publica* beseitigen sollte, hatte Folgen, die ihren ursprünglichen Absichten widersprachen und die Situation nur noch verschlimmerten. Das Reformprojekt der Gracchen polarisierte die römische Innenpolitik und die italische Gesellschaft, vergrößerte die Mißstände in den Provinzen und verschärfte die Krise der Republik.

94. Wer war Caesars größter Rivale? Ein glänzender Militär, aber ein politischer Versager – so lautete das Urteil vieler in Antike und Neuzeit über Pompeius. Er hatte das Pech, schon in den Quellen im Schatten seines mächtigen, ja übermächtigen Gegenspielers Gaius Iulius Caesar zu stehen.

Gerade einmal 23 Jahre alt, stellte Pompeius 83 v. Chr. eine Privatarmee auf, mit der er Sulla im Bürgerkrieg gegen Marius unterstützte. Für den Diktator, der die Senatsherrschaft wieder festigen wollte, eroberte er Sizilien und Nordafrika, ließ sich von seinen Soldaten als «Magnus» («der Große») akklamieren und ertrotzte von Sulla 79 einen Triumph. Vor seinen Wagen spannte er vier Elefanten statt der üblichen Pferde, doch die Dickhäuter paßten nicht durch die Triumphpforte.

Kompromißlos verfolgte Pompeius seine Karriere. Statt auf politische Ämter setzte er auf militärische Erfolge. Ein außerordentliches Kommando folgte dem anderen. Zunächst focht er in Spanien gegen den alten Sullagegner Sertorius. Als er 71 nach Italien zurückkehrte, ließ er in den Pyrenäen ein Siegesdenkmal errichten, das von 876 eroberten Städten kündete. In Rom feierte er seinen zweiten Triumph und wurde zum Konsul gewählt. Im Jahre 67 wurde ihm gegen den Willen des Senates der Krieg gegen die Piraten übertragen. Ausgestattet mit 20 Legionen und 500 Schiffen, erledigte er seine Aufgabe in drei Monaten. Im folgenden Jahr kämpfte er gegen den pontischen König Mithradates VI., drang bis zum Kaspischen Meer vor, besetzte 63 Judäa und reorganisierte den römischen Herrschaftsbereich in Kleinasien und im gesamten Nahen Osten.

Mit Bangen erwartete man unterdessen in der Heimat die Rückkehr des Siegers. Bevor er 62 in Italien eintraf, liefen Gerüchte um, er werde mit seinen Legionen wie einst Sulla auf Rom marschieren. Doch kaum war er in Brindisi angekommen, entließ er seine Truppen, da der Senat ihm zugesichert hatte, seine Verfügungen im Osten anzuerkennen und seine Soldaten zu versorgen. Ohne sein Heer konnte Pompeius seine politischen Forderungen jedoch nicht durchsetzen. Politisch isoliert, suchte er das Bündnis mit Crassus und Caesar, der in seinem Konsulatsjahr 59 v. Chr. gegen erbitterten senatorischen Widerstand und unter flagranter Verletzung der Verfassung Pompeius' Verfügungen ratifizierte und den Veteranen Land verschaffte.

Die Verbindung zwischen Caesar und Pompeius, die durch die Hochzeit des Pompeius mit Caesars Tochter Iulia gefestigt wurde, prägte die römische Innenpolitik der folgenden Jahre. Während Caesar Gallien eroberte, blieb Pompeius in Rom, wo Straßenkämpfe tobten und Anarchie herrschte. Nach Iulias Tod 54 beschleunigte sich die Entfremdung zwischen Schwiegervater und Schwiegersohn. 52 kam es zum Bündnis zwischen dem Senat und Pompeius, dem nun als «Konsul ohne Kollegen» die Aufgabe übertragen wurde, die zerrüttete Ordnung wiederherzustellen. Drei Jahre später, im Bürgerkrieg gegen Caesar, setzte er sich an die Spitze der senatorischen Truppen, errang erste Erfolge, gab dann aber aus strategischen Gründen Italien preis und setzte nach Griechenland über. Bei Pharsalos verlor Pompeius am 9. August 48 die Entscheidungsschlacht. Er floh nach Ägypten und wurde bei seiner Ankunft in Alexandreia ermordet – am Tag vor seinem 58. Geburtstag.

Pompeius' Biographie illustriert die rasante Individualisierung der Außen- und Militärpolitik in der ausgehenden Republik, die immer stärker von den Machtinteressen einzelner und ihrer Klientel bestimmt wurde. Seine politische Biographie verdeutlicht die Widersprüchlichkeit eines Systems, das einerseits von seinen Politikern forderte, den römischen Herrschaftsanspruch im gesamten Mittelmeerraum zu vertreten, und das andererseits die besten Köpfe in die enge stadtstaatliche Ordnung zwang. Pompeius scheiterte an der alten aristokratischen *res publica*, weil er im Gegensatz zu seinem Rivalen Caesar nicht die Kraft und die Skrupellosigkeit hatte, sie hinwegzufegen.

95. Wer war Kleopatra? Die letzte Königin von Ägypten hat seit jeher zu einem moralischen Urteil herausgefordert. Hier ist sie die kalt berechnende Machtpolitikerin, dort die luxuriöse Genießerin, die in Eselsmilch badete und in Wein aufgelöste Perlen schlürfte. Die einen sehen in ihr eine tiefempfindende Frau, die anderen die hemmungslose Verführerin, die tugendhafte Männer ins Verderben stürzte. Die wesentlichen Züge der Königin wurden durch römische Autoren geprägt, die Kleopatras Bezwinger, den Kaiser Augustus, verehrten und denen nichts ferner lag, als der Politik der Herrscherin Gerechtigkeit widerfahren zu lassen.

Dabei war es Kleopatra sehr wohl gelungen, ihre Kontakte zu den mächtigen römischen Aristokraten zu nutzen, um eine Politik zu verwirklichen, die sowohl ihr als auch ihrem Land nützte. Um die Herrschaft der Dynastie zu sichern, hatte ihr Vater Ptolemaios XII. die Achtzehnjährige bereits 52 v. Chr. als Mitregentin eingesetzt. Nach seinem Tod wurde sie ein Opfer von Palastintrigen, mußte den Thron ihrem Bruder überlassen und zuerst aus Alexandreia und dann aus Ägypten fliehen.

Ihre Stunde schlug, als Gaius Iulius Caesar nach seinem Sieg über Pompeius 48 v. Chr. in Alexandreia eintraf. Nicht allein durch diplomatisches Geschick nahm sie Caesar für sich ein: Der römische Aristokrat erlag ihren Reizen. Mit seiner Unterstützung kehrte sie auf den Thron zurück. Aus ihrer Beziehung ging 47 v. Chr. ein Sohn hervor, der offiziell «Ptolemaios Kaisar», in anderen Quellen «Kaisarion» genannt wurde und der die neue Verbindung zwischen Ägypten und Rom symbolisierte.

Mitte 46 v. Chr. traf Kleopatra am Tiber ein und nahm Wohnung in Caesars Haus. Sie verstand es, einen Bündnisvertrag auszuhandeln: Die Herrscher Ägyptens wurden zu «verbündeten Königen und Freunden» Roms (*reges amici et socii*). Weitergehende Hoffnungen machte jedoch die Ermordung Caesars zunichte. Kleopatra kehrte nach Ägypten zurück.

Als sie 41 v. Chr. in Syrien mit dem Aristokraten Marcus Antonius, der nach der Macht im römischen Staat griff, zusammentraf, erkannte sie ihre Chance. Denn Antonius benötigte die Unterstützung der ägyptischen Königin für seinen Krieg gegen die Parther. Als Gegenleistung erhielt Kleopatra Territorien, die einst zum Ptolemaierreich gehört hatten. 34 v. Chr. rief Antonius ein neues Reich im Osten aus, und Kleopatra wurde zur «Königin der Könige». Der politischen Verbindung folgte die persönliche: Antonius trennte sich von seiner Frau Octavia, der Schwester des späteren Kaisers Augustus, und heiratete Kleopatra, mit der er mehrere Kinder hatte, und die er mit Herrschaftstiteln und Königreichen überhäufte.

In Rom wurde diese Allianz mit Argwohn betrachtet. 32 v. Chr, erklärte man Kleopatra den Krieg, den sie gemeinsam mit Antonius führte. Dieser Krieg war zugleich der Kampf um die Herrschaft über das Römische Reich. Antonius und Kleopatra unterlagen 31 v. Chr. in der Schlacht bei Actium in Westgriechenland Caesars Adoptivsohn, dem künftigen Kaiser Augustus. Kleopatra floh nach Alexandreia und versuchte in Verhandlungen mit dem Sieger, die Herrschaft für ihre Kinder zu sichern. Als ihr Plan scheiterte, beging sie Selbstmord.

96. Wer war Caligula? Sichere Nachrichten aus der Antike über den Herrscher, der mit richtigem Namen Gaius Caesar Germanicus hieß, sind nicht eben zahlreich. Er war ein Kind, das in den römischen Heerlagern aufwuchs, von den Eltern als Soldat kostümiert wurde und von den Truppen seines populären Vaters Germanicus den Spitznamen Caligula, «Stiefelchen», erhielt. Nur dank seiner Verstellungskunst überlebte er das Intrigenspiel am Hof des Tiberius. Als er am 16. März 37 n. Chr. mit 24 Jahren den Thron bestieg, feierte man ihn überschwenglich. Doch die Sympathien der Senatoren verlor er rasch, als sein Herrschaftsstil nach wenigen Monaten absolutistische Züge annahm. Er schaltete seine dynastischen Rivalen aus, kujonierte den Senat, machte sich lieb Kind bei der stadtrömischen Bevölkerung und dem Militär, ließ sich mit göttlichen Ehren überhäufen und glänzte eher in der Selbstdarstellung als auf dem Schlachtfeld. Verschwörungen der aristokratischen Opposition beantwortete Caligula mit drakonischen Maßnahmen. Schließlich fiel er zu Beginn des Jahres 41 dem Anschlag einiger Prätorianertribunen zum Opfer.

Die senatorische Geschichtsschreibung, deren Repräsentanten unter seiner Herrschaft gelitten hatten, goß kübelweise Unrat über Caligula aus. Keine Perversion, keine Verrücktheit, die man ihm nicht unterstellte. Ein Bordell soll er auf dem Palatin eingerichtet, sich an den Folterungen der Senatoren delektiert und mit seinen Schwestern Inzest getrieben haben. Zu guter Letzt ernannte er sein Pferd zum Konsul. Das ist der Stoff, aus dem nicht jugendfreie Filme gemacht werden. Die Geschichtswissenschaft hat lange Zeit einfach die Quellen nacherzählt oder Caligula den Psychoanalytikern überlassen.

Der wahnsinnige Kaiser ist indes, wie kürzlich überzeugend gezeigt wurde, eine Erfindung der Überlieferung, die damit den Herrscher abstrafte, der in seinem Streben nach unumschränkter Macht die senatorische Führungsschicht in bisher ungekanntem Ausmaß erniedrigte. So war die Erhebung seines Lieblingsrennpferdes zum Konsul mitnichten die Tat eines Geisteskranken. Die Auszeichnung seines *Incitatus* («Heißsporn») machte die ehemaligen Konsuln zum Gespött und führte ihnen drastisch vor Augen, daß auch sie nur Konsuln von Kaisers Gnaden waren. Damit hatte sich Caligula deutlich von der Ideologie des Augustus distanziert, der zufolge der Kaiser nur *primus inter pares*, der erste unter Gleichrangigen, sein sollte. Von der die realen Machtverhältnisse verschleiernden Taktik seines Urgroßvaters nahm Caligula Abstand, als die erste senatorische Verschwörung ruchbar wurde. Aus dem berechenbaren Prinzeps, der republikanische Traditionen achtete, wurde nun der herrische Despot, oder in der Sprache der Aristokratie: der Tyrann. Caligula entfernte die adligen Senatoren aus seiner Umgebung und protegierte kaiserliche Freigelassene und loyale Aufsteiger. Er ließ sich von den ehrwürdigen Vätern als Gott verehren und entlarvte ihre Schmeicheleien als Heuchelei. Die alte Ordnung war endgültig zerstört. Die scheinbar planlosen, aberwitzigen Handlungen des Kaisers Caligula zielten letztlich auf die Zerstörung der politisch längst unterminierten aristokratischen Gesellschaft. Das vermeintlich verrückte Ungeheuer war in Wirklichkeit ein rational handelnder Zyniker der Macht.

97. Wer war Konstantin? Der römische Kaiser Konstantin veränderte das Anlitz der Welt. Seine Hinwendung zum Christentum markiert eine tiefe Zäsur. Er trägt zu Recht den Beinamen «der Große». Doch sein Bild schwankt in der Geschichte. Sein Handeln polarisierte bereits die Zeitgenossen. Nicht nur Heiden, sondern auch Christen beurteilten die «Konstantinische Wende» völlig unterschiedlich. Während das Mittelalter in Konstantin den Beschützer der Kirche pries, glaubten seit der Aufklärung nicht wenige, daß seine Förderung des Christentums allein politischem Kalkül entsprungen sei.

Als sein Vater, der Kaiser Constantius, 306 n. Chr. in York verstarb, wurde sein etwa dreißigjähriger Sohn vom Heer sofort zum Augustus ausgerufen. 18 Jahre benötigte Konstantin, bis er mit seinem Sieg über Licinius bei Adrianopel im Jahr 324 n. Chr. seinen letzten Rivalen ausgeschaltet und die Alleinherrschaft im Römischen Reich errungen hatte. In den Kämpfen gewann er die Gewißheit, daß Christus sein persönlicher Schutzgott sei, der seine militärischen Erfolge sicherstelle. Mit ihm identifizierte er sich. Konstantin wandte sich von den traditionellen Göttern Roms ab und favorisierte fortan das Christentum. Die einst verfolgte Religion, die erst 311 n. Chr. vom römischen Staat toleriert worden war, konnte sich nun der systematischen Unterstützung durch den Kaiser erfreuen. So wurde das Asylrecht auch den Kirchen zugestanden; die Kleriker waren von öffentlichen Abgaben (*munera*) befreit und erhielten das Recht, Vermächtnisse zu empfangen.

Bald mußte Konstantin in innerkirchliche Konflikte eingreifen, um in Staat und Kirche Einheit und Eintracht zu garantieren. 325 berief er das Konzil von Nicäa ein, das als das Erste Ökumenische Konzil gilt. Dort sollte der nach dem alexandrinischen Presbyter Arius benannte Streit um die Wesensgleichheit von Gottvater und Sohn beigelegt werden.

Konstantin privilegierte das Christentum, mußte aber auf den traditionellen Polytheismus der Mehrheit der Reichsbevölkerung Rücksicht nehmen. Obwohl einzelne heidnische Tempel geschlossen wurden, blieb der heidnische Kult zunächst erlaubt.

In seiner langen Regierungszeit sicherte Konstantin die Grenzen des Reiches und festigte den spätantiken Staat, indem er die Reformen seines Vorgängers Diokletian in Wirtschaft, Verwaltung und Heer fortsetzte. Seit 324 ließ er durch ein großangelegtes Bau-

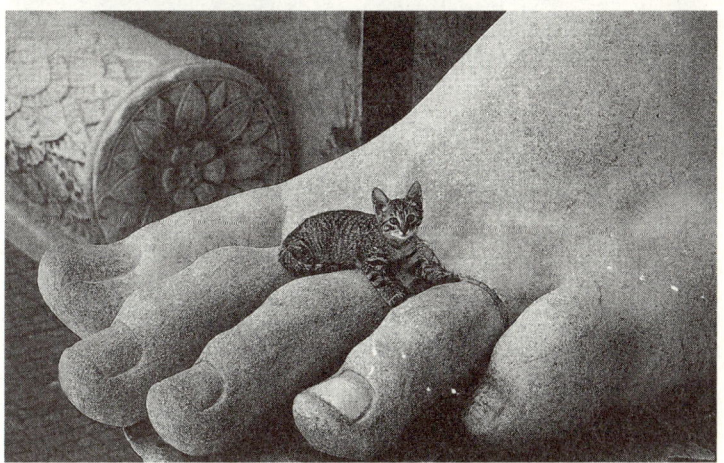

Abb. 12: Kolossalstatue Konstantins (Konservatorenpalast in Rom).
Allein der Kopf des Kaisers mißt 2,60 m.

programm Byzanz umbauen. Dort weihte er 330 seine Residenz ein: Konstantinopel, das unter seinen Nachfolgern zum ‹Neuen Rom› wurde. Die nach dem Kaiser benannte Metropole war bis zu ihrer Einnahme durch Sultan Mehmed II. im Jahre 1453 Hauptstadt des Byzantinischen Reiches.

Am 22. Mai 337 starb Konstantin in Ankyrona bei Nikomedien. Kurz zuvor hatte er sich von dem arianischen Bischof Eusebius von Nikomedien taufen lassen. Sein Leichnam wurde in der Apostelkirche in Konstantinopel beigesetzt.

98. Wer war Julian Apostata? Das Leben des römischen Kaisers Julian begann alles andere als verheißungsvoll. 337 n. Chr. entging der eben sechsjährige Neffe Konstantins des Großen nur knapp einem Massaker, das die Soldaten unter der konstantinischen Dynastie anrichteten. Sein Vater war unter den Opfern. Ein Bischof und ein hoher Zivilbeamter nahmen sich des Kindes an. Julian erhielt eine vorzügliche Ausbildung, begeisterte sich für Homer und las die Bibel in der bischöflichen Bibliothek. Im christlichen Gottesdienst soll er als Lektor aufgetreten sein, andere behaupten sogar, er sei damals getauft worden. Doch seine Liebe gehörte der neuplatonischen Philosophie. Durch sie soll er zum alten Götterglauben zurückgefunden haben.

Zunächst verbarg Julian seine heidnische Bekehrung vor seinem Verwandten, dem christlichen Kaiser Constantius II., der ihn 355 zum Caesar erhob. Damit endeten die Studienjahre, und die militärische Bewährungszeit in dem von Germanen bedrohten Gallien begann. Zwischen 356 und 359 sicherte Julian die Rheingrenze, baute die zerstörten Städte wieder auf und reorganisierte die Provinz. Als Constantius II. Anfang 360 erhebliche Truppenkontingente aus Gallien für seinen geplanten Perserfeldzug abziehen wollte, kam es in Paris zu einer Meuterei der Soldaten, die Julian zum Augustus ausriefen. Ob er seine Erhebung geschickt inszeniert hatte oder ob die Initiative vom Heer ausging, bleibt kontrovers. Sicher ist jedoch, daß Julian zunächst versuchte, den drohenden Bürgerkrieg zu verhindern. Erst als Constantius nicht abließ, Julians bedingungslose Unterwerfung zu verlangen, rüstete sich dieser zum Kampf, zu dem es allerdings nicht mehr kam, da Constantius am 3. November 361 starb. Am 11. Dezember 361 zog Julian in Konstantinopel ein.

In der Folge verkleinerte er den Hofstaat drastisch und brachte zahlreiche Reformen auf den Weg. Erst jetzt wurde er zum «Apostaten» (Abtrünningen), der sich offen vom Christentum abwandte und zum alten Glauben bekannte. Er erlaubte die Verehrung der paganen Götter, öffnete die heidnischen Tempel wieder und besetzte verwaiste Priesterstellen. Die gleichzeitig ergangene Verfügung, die verbannten Bischöfen die Rückkehr in ihre Heimat erlaubte, stürzte die christlichen Kirchen absichtlich in heillose Flügelkämpfe. Die Privilegien, die die Kirche seit Konstantin angehäuft hatte, wurden aufgehoben. 362 verbot Julian christlichen Lehrern den Unterricht der klassischen Literatur und Philosophie. Dieses berühmte Rhetorenedikt, das christliche Schüler von der höheren Bildung ausschloß, rief selbst unter Altgläubigen einen Sturm der Empörung hervor. Gleichzeitig versuchte Julian, den heidnischen Kult nach dem Vorbild der christlichen Kirche zu reorganisieren, hierarchisch zu strukturieren und auf soziales Engagement zu verpflichten. Der Einfluß des Christentums auf Gesellschaft und Staat sollte gebrochen werden.

Seit Mitte 362 rüstete Julian zum Feldzug gegen den Perserkönig Sapor II. Anfang März 363 brach er an der Spitze eines Heeres von 65 000 Mann auf und marschierte den Euphrat entlang bis Ktesiphon, von da ins Binnenland. Nach anfänglichen Erfolgen mußte sich das Heer an den Tigris zurückziehen und geriet immer mehr unter persischen Druck. In einem Gefecht am 26. Juni 363 wurde Julian tödlich verwundet. Im Tode soll er den Triumph der verhaßten Religion anerkannt haben. Seine letzten Worte lauteten angeblich: «Du hast gesiegt, Galiläer.» Julians Reformwerk zerfiel schnell nach seinem Tode. Es bleibt die Frage, die Generationen von Wissenschaftlern und Literaten beschäftigt hat: Hätte ein siegreich aus Persien zurückkehrender Julian den Siegeszug des Christentums aufhalten können?

Nachleben

99. Wieso ging das Römische Reich unter? Über die Gründe, die zur Auflösung des Römischen Reiches führten, dachte man bereits in der Spätantike nach. Sowohl heidnische wie christliche Zeitgenossen suchten nach Antworten auf die Frage, warum das «ewige Rom» (*Roma aeterna*) in heftige innen- und außenpolitische Krisen geriet, und wiesen sich gegenseitig die Schuld zu. Für viele war die Erkenntnis, daß ihre Hoffnung auf die Ewigkeit des Imperiums trog, ein schwerer Schlag. Christliche Theologen wie der Kirchenvater

Augustinus (354–430 n. Chr.) suchten ihr Heil nicht mehr in der gegenwärtigen, sondern der künftigen Welt, nämlich im «Gottesstaat» (*civitas Dei*).

Im Mittelalter glaubten katholische Päpste, byzantinische Herrscher und die Kaiser des Heiligen Römischen Reiches, das Erbe des Imperium Romanum angetreten zu haben. Verfall und Erneuerung Roms wurden dann zum beliebten Gegenstand historischer Erörterung der Humanisten. Die von ihnen angestoßene Debatte über die Gründe des Untergangs ist bis heute noch nicht zum Abschluß gekommen.

Zahlreiche Theorien wurden aufgestellt, die nicht selten mehr über die weltanschauliche Orientierung ihres Urhebers verraten als über die historische Veränderung, die zu erklären sie vorgeben. Schon seit der Antike fanden sich Vertreter, die im Aufstieg des Christentums die eigentliche Ursache für den Niedergang des Römischen Reiches sahen. Andere glaubten, der immer krasser werdende Gegensatz zwischen Armen und Reichen habe die Gesellschaft in eine nicht mehr zu bewältigende wirtschaftliche und gesellschaftliche Krise gestürzt; wieder andere meinten, die Lebensgrundlagen seien erschöpft, der Boden ausgezehrt und die Menschen unfruchtbar gewesen. Hier wies man dem spätantiken Zwangsstaat die Schuld zu, dort den nicht zu bändigenden Germanenhorden. Und immer wieder wurde versucht, das Geschehen in umfassende Kulturentstehungstheorien und zyklische Niedergangsszenarien zu integrieren.

Die epochemachende Darstellung des englischen Gentleman Edward Gibbon (1737–1794) über «Verfall und Untergang des römischen Imperiums» zählte das Vordringen des Christentums zu den wichtigsten Krisenfaktoren eines langandauernden Verfallsprozesses. Der deutsche Historiker Otto Seeck (1850–1921) vermutete in seiner «Geschichte des Untergangs der antiken Welt» hingegen, die Antike sei deshalb zugrunde gegangen, weil die besten Bürger auf Nachkommen verzichtet und sich dadurch selbst ausgerottet hätten.

Von solchen vereinfachenden Modellen hat die Forschung längst Abschied genommen. Die Vorstellung, die Spätantike sei eine Geschichte des Niedergangs gewesen, gilt als überholt. Vielmehr wird von einer «Verwandlung» oder «Transformation» der Mittelmeerwelt gesprochen, um der Tatsache Rechnung zu tragen, daß es in dieser Epoche nicht nur Abbruch von Überkommenem, sondern auch vielfältige Kontinuitäten und fruchtbare Neuanfänge gab. Die germanischen Nachfolgereiche, das byzantinische Kaisertum und die christliche Kirche knüpften nicht nur an die vielfältigen zivilisatorischen Leistungen der griechisch-römischen Antike an, sondern übernahmen auch die eng mit dem römischen Recht verbundene Ordnungsidee des römischen Kaisertums. Mit der Absetzung des letzten weströmischen Kaisers Romulus Augustulus 476 n. Chr. endete das Kaisertum des westlichen Reichsteils, nicht aber das Imperium Romanum als politische, religiöse und kulturelle Bezugsgröße.

100. Wie wirkte die Antike fort? Verschiedene Formen des Fortwirkens der Antike, aber auch des Rückblicks auf die Antike seien an drei Beispielen skizziert.

Kaum ein Werk eines antiken Dichters hat in der europäischen Literatur und Kunst so markante Spuren hinterlassen wie die «Metamorphosen» des Ovid (43 v. Chr.–17/18 n. Chr.). In 15 Büchern, die die Zeit von der Entstehung der Welt bis zur Vergöttlichung Caesars darstellen, wird von dem ständigen Wandel berichtet, dem alles Belebte und Unbelebte unterliegt – und von dem Anteil, den die Götter daran haben. Ihre Kabalen und Liebschaften werden in eleganten lateinischen Versen lebendig. Dieses Werk hat spätestens seit dem 12. Jh. bis in das Zeitalter des Barock einen ungeheuren Einfluß auf die europäische Kunst ausgeübt. Jahrhundertelang schöpften Literaten, bildende Künstler und Musiker ihre Stoffe aus den ovidischen Verwandlungssagen. Die allegorische Interpretation des «Who is Who» der antiken Mythologie versöhnte auch fromme Christen mit Ovid. Das Werk wurde dabei verändert – je nach Rezeptionsabsicht und -methode. So erweiterte man die stoffliche Grundlage mit Material aus anderen Quellen, nahm Erklärungen aus Kommentaren in den Text auf, goß die Verse in neue Formen und spitzte die vermeintliche Botschaft einzelner Sagen zu moralischen Lehrsätzen zu. Nicht nur Gebildete lasen den Text; volkssprachliche Ausgaben mit nicht durchweg jugendfreien Abbildungen brachten die «Metamorphosen» auch Personen nahe, die kein Latein beherrschten. Diese Bildideen, die ursprünglich als Textillustrationen entwickelt waren, fanden Eingang in die unterschiedlichsten Kunstgattungen, von

Intarsienarbeiten über bemalte Keramik bis hin zu Freskenzyklen, Gemälden und zur Plastik.

Die neuzeitliche Rezeptionsgeschichte der olympischen Idee beginnt nicht erst mit den ersten «Olympischen Spielen der Neuzeit» 1896 in Athen. Die Wiederbelebung des olympischen Gedankens verband sich bereits am Ende des 18. Jh.s mit der Wiederentdeckung des Altertums, richtiger: der Erfindung der idealen Antike durch das Bürgertum. Die Griechenbegeisterung ging einher mit dem Aufstieg der wissenschaftlichen Archäologie, wie die Grabungsgeschichte von Olympia eindrucksvoll belegt. War man zunächst noch auf der Suche nach «edler Einfalt» und «stiller Größe», so wollte 1836 Fürst Pückler-Muskau das Areal des antiken Olympia in einen archäologischen Park umgestalten. Mit der dilettantischen Forschung war es allerdings vorbei, als 1875 deutsche Archäologen systematische Grabungen am Alpheios aufnahmen. Obwohl die Altertumswissenschaften seither mit einer unhistorischen Idealisierung der Olympischen Spiele der Antike gebrochen haben, hält das Internationale Olympische Komitee hartnäckig an dem Anspruch fest, ein der antiken Tradition verpflichtetes Wettkampfethos in die Gegenwart übertragen zu können.

Das große, zwischen 529 und 534 n. Chr. entstandene Gesetzgebungswerk des Kaisers Justinian (527–565 n. Chr.), das erst später *Corpus iuris civilis* genannt wurde, verfolgte den Plan, aus Gründen der Rechtssicherheit alle noch geltenden Kaisergesetze von Hadrian (117–138 n. Chr.) bis in die eigene Gegenwart zu sammeln, zu ordnen und, falls nötig, zu überarbeiten. Zu diesem *Codex Iustinianus* traten die systematische Edition wichtiger Exzerpte aus den Schriften römischer Juristen (*Digesta* oder *Pandectae*) und ein Elementarbuch für das Rechtsstudium (*Institutiones*). Alle späteren Gesetze des Kaisers wurden als *leges novellae* («neue Gesetze») zusammengefaßt. Der hohe Abstraktionsgrad und die klare Systematik des römischen Rechtes beeinflußten die weitere europäische Rechtsentwicklung nachhaltig. Die griechischen Bearbeitungen der justinianischen Kodifikation waren die Grundlage des byzantinischen Rechtssystems; im lateinischen Mittelalter entfaltete das *Corpus iuris* seit seiner Wiederentdeckung im Bologna des 11. Jh.s eine ungeheure Wirkung, sowohl in der kirchlichen Gerichtsbarkeit als auch im weltlichen Rechtsbereich. Allmählich entstand aus dem *Corpus iuris* das «gemeine Recht» (*ius commune*), das im Heiligen Römischen

Reich der Frühen Neuzeit (15. und 16. Jh.) verbindlich war. Eine zweite Blüte erlebte die Rezeption des weiterentwickelten römischen Rechts in der deutschen Rechtswissenschaft des 19. Jh.s Das «Bürgerliche Gesetzbuch» des Deutschen Kaiserreiches, das 1900 in Kraft trat, ist gerade in methodischer Hinsicht stark vom römischen Recht Justinians geprägt. Mit seinem Akzent auf Eigentum und Vertrag kam es den Bedürfnissen der bürgerlichen Gesellschaft sehr entgegen; demgegenüber blieben das römische Strafrecht und das Staatsrecht Domänen der historisch arbeitenden Wissenschaften.

101. Wann begann die wissenschaftliche Erforschung der Antike?

Das historische Interesse am Altertum erwachte mit dem Humanismus. Doch zu Beginn des 19. Jh.s wurde die Beschäftigung mit der Antike auf eine neue Grundlage gestellt. Damals trat die ‹historisch-kritische› Methode ihren Siegeszug an. Zahlreiche Forscher versuchten, an altertumswissenschaftlichen Gegenständen die Frage nach den Bedingungen der Möglichkeit objektiver Erkenntnis in der Geschichte zu beantworten, und wandten das von ihnen neubegründete kritische Verfahren der Textbehandlung («Hermeneutik») auf antike Texte an. In zahlreichen Vorlesungen gaben Altertumsforscher Rechenschaft über ihre Methodik und die Grundlagen des philologischen Studiums. Friedrich August Wolf (1759–1824) führte die Möglichkeiten der Quellenkritik in seinen «Prolegomena ad Homerum» (1795) vor, in denen die Einheit des Homertextes radikal in Frage gestellt wurde, und entwickelte in ersten Ansätzen das Konzept einer verschiedene Einzeldisziplinen umfassenden Altertumswissenschaft. August Boeckh (1785–1867), ein Schüler von Wolf, verlangte, daß sich die Philologie nicht mehr allein um die Textzeugen bemühen solle, sondern die gesamte Hinterlassenschaft der griechischen und römischen Antike erfassen müsse. Das neue Totalitätsideal der Altertumswissenschaft erschloß neue Quellen und verlangte nach neuen Methoden. Es entstand ein Kanon historischer Hilfswissenschaften (wie die Epigraphik), die nicht mehr antiquarischer Neugierde und Sammelleidenschaft, sondern dem historischen Verstehen dienten.

Der Aufstieg der Altertumswissenschaft hatte zugleich die Historisierung der Antike zur Folge. Also trat die Epoche des Altertums gleichberechtigt neben andere geschichtliche Epochen, und die Sonderstellung der Alten Welt, besonders der Griechen, ging verloren. Gleichzeitig schritten die innerfachliche Differenzierung und Spezialisierung voran. Die Wissenschaft vom Altertum zerfiel in verschiedene Sparten. Auch damit wurde die Antike als fächerübergreifendes Ideal zerstört. Aus der *einen* Altertumswissenschaft gingen die verschiedenen Altertumswissenschaften hervor. Die Archäologie wurde als ein eigenständiges Fach begründet, und die Alte Geschichte emanzipierte sich gleichermaßen von der Universalhistorie und der Klassischen Philologie.

Doch die Altertumswissenschaften beschränkten sich immer mehr auf die hochspezialisierten Verfahren der Quellenkritik und des hermeneutischen Verstehens. Hier wurden großartige Erfolge erzielt. Gigantische Forschungsprojekte erschlossen das Erbe der Alten Welt und waren für andere Fächer richtungweisend. Doch wie in anderen Disziplinen breitete sich auch in den altertumskundlichen Fächern Ende des 19. Jh.s und zu Beginn des 20. Jh.s ein Krisenbewußtsein aus. Kritik wurde an einer Wissenschaft geäußert, die zu zersplittern drohe und nur noch Epigonen hervorbringe. Das Schlagwort des ‹Historismus› machte die Runde, das den Werterelativismus und die Lebensfremdheit der historisch orientierten Fächer anprangerte.

Auf die Wissenschaftspraxis hatte die Kritik an einer analytischempirischen Wissenschaft, die nicht dem Leben diene, zunächst jedoch keinen Einfluß. Minutiöse Quellenkritik und exakte Textinterpretationen wurden weiterhin eingefordert. Die Altertumswissenschaften erneuerten aber ihren kulturpolitischen Führungsanspruch, um in Schulen und Universitäten die Antike als relevantes Bildungsmedium zu verankern und einer durch rasante Veränderungen verunsicherten Gesellschaft historische Orientierung zu geben. Diese Herausforderung besteht zu Beginn des 21. Jh.s unverändert.

Wie kann ich mich weiter über die Antike informieren?

Eine vorzügliche «Einführung in die Alte Geschichte» hat jetzt Hartmut Leppin vorgelegt (München 2005). Eine «Kleine Geschichte der Antike» stammt von Hans-Joachim Gehrke (München 1999), die auch als Taschenbuchausgabe (allerdings ohne Abbildungen) erschienen ist. Hans-Joachim Gehrke und Helmuth Schneider haben ein ausführlicheres Studienbuch zur «Geschichte der Antike» herausgegeben (Stuttgart/Weimar 2000). Aus europäischer Perspektive hat Wolfgang Schuller «Das Erste Europa» von 1000 v. Chr. bis 500 n. Chr. dargestellt (Stuttgart 2004). Des weiteren sei verwiesen auf Eckard Wirbelauer (Hg.), Antike, Oldenbourg Lehrbuch Geschichte (München 2004), und Rosmarie Günther, Einführung in das Studium der Alten Geschichte (Paderborn ^{3}2004).

Das aktuellste Nachschlagewerk zur Antike ist der noch nicht abgeschlossene «Neue Pauly», der auch den Alten Orient sowie die Rezeptions- und Wissenschaftsgeschichte einschließt (Stuttgart 1996 ff.). Hilfreich sind noch immer «Der Kleine Pauly» in fünf Bänden (Stuttgart/München 1964–1975) und das «Lexikon der Alten Welt» (Zürich/Stuttgart 1965), die beide mehrfach – auch in Taschenbuchausgaben – nachgedruckt wurden. Empfohlen sei zudem die dritte Auflage des «Oxford Classical Dictionary» (Oxford 1996 u. ö.).

Über die wichtigsten antiken Autoren informiert Oliver Schütze (Hg.), «Metzler Lexikon antiker Autoren» (Stuttgart/Weimar 1997). Für die frühchristliche Literatur ist einschlägig: Siegmar Döpp, Wilhelm Geerlings (Hg.), Lexikon der christlichen Literatur (Freiburg 1998). Tonio Hölscher hat die derzeit beste Einführung zur klassischen Archäologie herausgegeben: Klassische Archäologie. Grundwissen (Darmstadt 2002). In die Geschichte des frühen Christentums führt ein: Chr. Markschies, Zwischen den Welten wandern. Strukturen des antiken Christentums (Frankfurt a.M. ^{2}2001).

Über eine Vielzahl der hier angesprochenen Themen unterrichten knapp, aber zuverlässig zahlreiche Bände aus der Reihe «Beck

Wissen». Weitere einführende Literatur findet sich in der Reihe «Geschichte kompakt» der Wissenschaftlichen Buchgesellschaft in Darmstadt und in den «Studienbüchern» zur «Geschichte und Kultur der Alten Welt» des Akademie-Verlages.

Einen guten Zugriff auf altertumswissenschaftliche Internet-ressourcen bietet *http://www.kirke.hu-berlin.de*. Weitere Internetadressen finden sich unter *www.Einfuehrung-in-die-Alte-Geschichte.beck.de*.

Bildnachweis